하노이의 길

하노이의 길

초판 1쇄 인쇄 2022년 2월 10일
초판 1쇄 발행 2022년 2월 20일

지은이 라종일, 김동수, 이영종
펴낸이 정해종
편　집 현종희
디자인 유혜현

펴낸곳 ㈜파람북
출판등록 2018년 4월 30일 제2018 – 000126호
주소 서울특별시 마포구 토정로 222 한국출판콘텐츠센터 303호
전자우편 info@parambook.co.kr **인스타그램** @param.book
페이스북 www.facebook.com/parambook/　**네이버 포스트** m.post.naver.com/parambook
대표전화 (편집) 02 – 2038 – 2633 (마케팅) 070 – 4353 – 0561

ISBN 979-11-92265-08-7 93340
책값은 뒤표지에 있습니다.

엇갈린 남·북·미의 선택

하노이의 길

라종일, 김동수, 이영종 지음

파람북

들어가며

2019년 2월 27일부터 28일까지 베트남 하노이에서 도널드 트럼프 미국 대통령과 김정은 북한 국무위원회 위원장의 정상회담이 개최된 지 3년이 흘렀습니다. 회담의 결말을 보면서 매우 답답한 마음이었습니다. 뒤이어 많은 해설이나 평론이 나왔지만, 그간의 사정과 앞으로의 전망에 관하여 속 시원한 설명이 없었습니다. 관련된 나라들의 중요한 직책에 있던 분들 사이에 논란도 있었지만, 우리 측은 확실한 입장을 밝히지 않은 채 논란을 비켜 가는 것 같은 자세였습니다.

부족한 대로 이번 정부의 임기 중에 무언가 생각하는 것을 쓰려고 했지만 여러 가지 사정으로 미루고 있었습니다. 그러다가 김동수, 이영종 두 박사님의 도움을 얻어 작은 글을 마무리할 수 있었습니다. 작은 노력이 현실의 이해와 앞날을 가늠해보는 데 도움이 되길 바랍니다.

2022년 2월 가천대 연구실에서

라종일

하노이의 '어설픈 중매쟁이'?[1]

　'사람이란 역시 현실의 냉철한 인식보다는 희망과 기대에 더 마음을 쓰는 것이 아닌가?' 하는 것이 하노이의 참사를 보면서 머리에 떠오른 첫 생각이었습니다. 우리가 간절하게 바라고 이루려는 것에 관한 구상을 각기 꿈, 희망, 비전 구상, 기획, 구현 노력 등등 여러 단계로 나누어 생각해본다면, 이제까지 우리가 남북 사이에 화해와 교류·협력 그리고 궁극적인 민족의 재통일을 이루려는 노력이 어느 단계에까지 도달했는지 살펴보아야 합니다. 성과가 없었던 것은 아닙니다. 과거의 경험으로 보아 괄목할 만한 진전도 있었습니다. 특히 지난 세기 말부터 대한민국이 산업화와 민주화 등 여러 면에서 이룬 성취를 발판 삼아 남북 관계에 적극적인 자세로 나아가 예전에는 생각하기 힘든 일

1　위성락 전 한반도평화교섭 본부장, 리셋코리아 외교안보 분과장의 표현이다. 「중앙일보」, 2021년 8월 21일자.

들이 이루어졌습니다. 그와 함께 우리의 희망과 기대도 크게 부풀었습니다. 하지만 돌이켜 생각해보면 근본적인 문제는 그대로 남아 있는 것이 아닌가 싶습니다. 이것은 '변화가 많을수록 과거는 그대로 남아 있다(plus ça change plus c'est la même chose)'는 프랑스 속담 이야기가 아닙니다. 변화는 분명히 있지만 그것이 그 정도나 지향에 있어서 반드시 우리가 바라는 바와 같지 않다는 사실을 지적하는 것입니다.

문재인 정부 첫해인 2017년에는 한반도 안보 상황이 위기의 연속이었습니다. 그것은 그해가 집권 이후 핵무기 개발에 집중해온 김정은 정권이 마침내 그 작업의 '완성'을 마무리하는 해였기에 당연한 일이었습니다. 그러나 그다음 해 벽두부터 한반도의 안보와 평화에는 빠른 속도로 변화의 바람이 불었습니다. 결과적으로 하노이 회담의 실패와 함께 모든 것이 그전으로, 혹은 이전보다 더 나쁜 상황으로 돌아갔습니다.

정부는 그사이 나름대로 적극적인 활동을 벌여서 한동안 상당한 성과를 이루는 것으로 보였습니다. 이제는 공과를 막론하고 그때 일어난 일들에 관하여 국정을 담당하는 여야는 물론 국민에게 전후 사정을 알려야 할 때입니다. 그러나 우리는 아직 당시와 그 전후 사실에 관해 외부의 단편적인 정보에만 의존하고 있는 형편입니다. 이 작은 책은 그런 아쉬움에 미흡하게나마 조금이라도 도움이 되려는 뜻에서 시작했습니다.

해방과 함께 느닷없이 닥친 분단을 경험한 우리 민족의 가장 큰 소망이 다시 함께하는 나라였던 것, 즉 우리가 통일을 지향했던 것은 당연한 일이었습니다. 더구나 이 분단은 우리의 입장에서 보아 세계 역사를 통틀어 가장 무리하고 무도한 처사였습니다.

조선 반도를 옆으로 가로지르는 약 300여 킬로미터에 달하는 분계선은 75개의 작은 하천과 12개의 강을 남북으로 가르고, 181개의 작은 도로, 104개의 마을 도로, 15개의 도(道)급 도로, 8개의 대형 도로, 및 6개의 남북을 잇는 철도를 관통한다.[2]

역사상 강대국이 약소국의 영토를 이리저리 분할한 일들이 있었습니다. 하지만 단일한 역사를 갖고 있는 나라를, 현지에 살고 있는 사람들의 구체적인 사정을 전혀 고려하지 않고 한 직선

---

2 Schnabel, 『United States Army in the Korean War』, pp.10~11, 션즈화 지음, 김동길 옮김, 『조선전쟁의 재탐구』, 선인, 2014년, 294쪽에서 재인용.

으로 갈라놓은 것은 유례없는 일이었습니다. 제1차 세계대전 이후 승전국 프랑스와 영국이 오스만 제국의 영토를 분할한 사이크스-피코 협정(Sykes-Picot Agreement)도 한 직선으로 영토를 분할한 것은 아니었습니다.

이 분단은 하루아침에 민족의 생활공간을 직선으로 가른 것이었습니다. 당시 유행한 가요들에서도 볼 수 있는바, 민족의 가장 큰 열망은 당연히 다시 하나가 되는 것이었습니다. 단지 이 강렬한 희망에 관하여 우리가 얼마나 현실을, 나라 밖의 현실과 함께 우리 자신에 관한 실상을 바로 인식하고 있었나 하는 것이 문제입니다. 다시 말하면 우리가 하나가 된다는 것이 현실에서 무엇을 의미하는지 제대로 인식했는가, 아니면 각자 자신의 구상과 희망에 매달리고 있었는가 하는 문제입니다. 구체적으로 근대 국가의 건설 과정에서 극복해야 하는 수많은 난제와 이를 적절히 다룰 수 있는 우리 자신의 능력에 관한 것입니다. 또 다른 문제는 우리를 하루아침에 갈라놓은 힘들에 대해 정확히 인식했는지, 그리고 이 힘들을 관리하고 극복하여 다시 통일된 나라를 이룰 수 있는 우리 자신의 역량에 관한 성찰입니다.

우리는 그저 간절한 희망과 그 희망을 반영하는, 혹은 활용하는 정치 세력의 구호에만 집착하지 않았나 생각합니다. 그사이 많은 논의와 노력 그리고 일정한 성과도 있었습니다. 하지만 현재에도 이런 경향은 지속되고 있습니다. 희망과 구상을 간직한 채 먼저 난제(Aporia)들을 바로 인식하는 것이 중요합니다.

우선 남북 사이에서 가장 어려운 첫 번째 문제는 바로 정체성입니다. 개인에게도 가장 큰 위기는 정체성의 상실입니다. 때로는 형제나 친척 간의 갈등이 더 극심할 수 있습니다. 성경에 의하면 인류 역사상 첫 번째 살인은 형제 사이에서 일어났습니다. 로마 건국 신화에서도 쌍둥이 형제의 살해가 등장합니다. 남이 아닌 사촌이 논을 사면 배가 아플 수밖에 없습니다.

화가 이중섭의 1955년 작품으로 추정되는 「꼬리가 묶인 채 서로 죽이려는 야수」는 우리의 분단에 얽힌 어려운 현실을 잘 보여줍니다. 우리가 북한을 도울 때마다 우리는 북한 정권이 감사하기보다 이것을 위기나 자괴감, 심지어 원한 같은 복잡한 심경으로 받아들여야 한다는 사실을 이해해야 합니다. 북한은 나름 '자신들이 미제의 침략을 막아주고 있으니 남한이 물질적인 도움을 주는 것은 당연하다'라는 등 지원을 받는 것이 정당하다는 주장을 개발했습니다. 그렇지만 우리는 북한 정권의 어려운 처지를 알아야 합니다. 남북은 같은 민족이기 때문에 오히려 극복하기 어려운 문제들을 안고 있습니다. 동족 간에 서로 싸워야 한다는 말이 아닙니다. 같은 민족이라는 이유로 현실의 어려움을 제대로 인식하지 못한다는 사실을 지적하는 것입니다.

　두 번째로는 남북 사이의 불균형입니다. 남한이 여러 면에서 발전을 이어가면서 국제사회에서 상당한 위상과 역할을 확보하는 사이, 북한은 정치, 경제, 사회 등 모든 면에서 정체와 퇴행을 되풀이하는 중입니다. 북한의 가장 큰 실패는 권력의 승계를 제도화하지 못한 것입니다. 초대 집권자의 권력을 강화하고 유지하는 데 성공했지만, 그 대가로 정치에 이견과 대안의 소지를 말살한 것입니다. 그 결과 정치에서 변화와 개혁의 여지마저 말살되었습니다. 결국 '민주주의인민공화국'이라는 이름에 당치않은, 가족 내 권력 세습이 이어지고 있습니다. 이웃의 다른 나라 국민들이 해외로 여행을 다니는 시대에, 북한은 싼 노임으로 노동자를 외국에 보내서 그 임금까지 정부가 착취하는 실정입니다. 결과적으로 북한은 나라를 개방하지 못하고 사람과 정보 등 문물의 유통을 엄격하게 통제할 수밖에 없습니다. 만약 북한이 예전 동독 정권 정도의 업적과 발전이 있었다면 남북의 교류·협력은 훨씬 더 탄력을 받았을 것입니다.

　세 번째는 과거의 나쁜 기억들입니다. 이른바 '이념의 혈친화'라고 부르는 현상입니다. 이념적 갈등에는 여러 차원이 있습니다. '머리의 갈등', '가슴의 갈등' 등의 문제입니다. 사람들은 주로 지난 세기에 심한 이념적 갈등을 겪은 나라들의 경험을 이렇게 나누어 이야기합니다. 말하자면 이론적인 논쟁의 차원과 감정이나 정서가 우세한 차원을 구별해보는 것입니다. 우리의 경우는 이보다 더 심각한 것이어서 이념적인 갈등이 개인적인 원한과 복수로까지 이어지는 상황입니다. 말하자면 '머리의 갈등'도 '가슴의 갈등'도 아닌, '창자의 갈등'이라고 해야 할까, 이념 갈등이 친족의 사연과도 뒤얽혀 있습니다. 이념의 적이 부모 형제를 죽인 혈친의 원수이기도 합니다. 북한의 최고 권력을 세습하는 유일 가문의 경우도 여기에 해당됩니다. 유일 최고 영도자 김정은에게는 그의 조부가 70여 년 전 시작한 전쟁은 '위대한 업적'이겠지만, 그것을 경험한 우리에게는 용서할 수 없는 참사였습니다. 멀게는 해방 이전 독립운동 과정에서부터 있었던 갈등입니다. 지난 세기에 일어난 나쁜 경험들의 기억은 아직도 민족의 앞날 개척에 큰 장애로 남아 있습니다.

마지막으로 국제 정치도 만만치 않은 도전입니다. 한반도는 바로 인접한 주변에 세계에서 가장 강력한 네 나라가 있습니다. 이 나라들이 모두 한반도에서 일어나는 일에 이해관계가 뒤얽혀 있습니다. 통일은 물론이고 화해와 교류·협력의 길에 이들의 이해관계도 엮여 있습니다. 이들이 우리의 목표나 기획에 어긋나는 입장을 취한다고 해서 비난하거나 원망하는 것은 의미가 없습니다. 중요한 것은 이들의 이해관계를 우리에게 유익한 방향으로 활용할 수 있는 능력입니다. 말로 정리하기보다는 많은 노력이 필요한 문제입니다.

특히 우리의 국제적인 환경이 변화하는 이른바 '전환기'는 우리에게 항상 위기의 시기입니다. 16세기 말 일본이 통일을 하고 당시 지배적이던 중국 중심의 국제 질서를 변경하려고 했을 때, 우리는 미증유의 재난을 당했습니다. 지난 세기 초 역시 일본의 굴기로 중화 중심의 질서가 붕괴하는 무렵, 우리는 국권을 침탈당했습니다. 태평양 전쟁에서 일본이 패망하고 새로운 두 초강대국이 등장하는 전환기에 우리의 국토는 분단되었습니다. 그리고 중국에서 공산 혁명이 성공하고 냉전이 격화하는 시기에, 우리는 동족상쟁의 전쟁을 경험했습니다. 냉전이 끝나고 상대적으로 평화로운 시기에 접어들어, 우리는 제한적이나마 '햇볕정책'의 성취를 이룰 수 있었습니다. 이제 다시 이 지역의 국제 질서는 새로운 전환기를 맞아 어려운 시기에 처하는 상황입니다. 우리는 다시 새로운 문제에 직면하고 있습니다.

이런 시기일수록 우리는 절실한 희망에만 집착하여 현실의 어려움을 제대로 인식하지 못한 채 빠른 해결에만 매달릴 수 있습니다. 남북한이 모두 자기에게 손쉽고 편한 방식의 유혹에 빠져 지난 세기의 잘못을 되풀이하기 쉽습니다. 북한 정권은 여전히 군사력과 정치적인 공작을 통하여 자신이 주도하는 통일을 이룩하려고 할 것입니다. 이런 접근은 이루기 어려울 뿐만 아니라 그 과정에서부터 여러 부정적인 결과로 이어질 것입니다. 남한 일부에서도 마찬가지로 북한 정권이 내외적인 원인으로 붕괴하면 쉽게 통일을 이룰 수 있다는 희망적인 생각을 할 수 있습니다. 북한 정권의 붕괴 같은 일이 있을 전망도 없지만, 만약 그런 상황이 실제로 벌어진다면 그것은 한반도뿐만 아니라 주변에까지 큰 재난으로 이어질 수 있는 위기입니다.

문재인 정부는 처음부터 남북 관계에 높은 관심을 갖고 출발하여, 위기 상황에서 노력을 기울여 놀랄 만한 성과를 거두었습니다. 2018년 4월 판문점 남측 지역에서 남북 정상회담이 열립니다. 이 회담에 이어 2018년 5월 바로 판문점 북측 지역에서 회담이 있었고, 또 한 번의 정상회담이 2018년 9월 평양에서 열렸습니다. 행사의 규모나 호화로움에 있어서 판문점 회담과는 비교할 수 없을 정도였습니다.

문재인 대통령은 북한이 자랑하는 매스 게임을 참관하고, 소원이던 백두산 등반도 부부 동반으로 함께합니다. 한라산 물과 천지의 물을 섞고 천지의 물을 떠서 한라산에 뿌리는 감동 어린 행사도 있었습니다. 거창한 문화 행사는 곧 통일이 이루어질 것 같은 감동을 자아냈습니다. 역사적인 감동이었습니다. 화려한 국제적인 행사도 이어졌습니다. 원수 같은 미국과 북한의 정상이 만나 우의와 평화를 다짐했습니다. 그러나 또 하루아침에 이 모든 행사의 감동이 물거품같이 사라지고 다시 옛날로 돌아간 상황입니다.

여기서 한 가지 짚고 넘어갈 일이 있습니다. 남북한 사이에 평화는 물론 화해와 교류·협력을 넘어 곧 통일이 이루어질 것 같은 감동의 시기에도 다른 한편으로 미송환 국군 포로는 그대로 북한에서 늙고 시들어 갑니다. 이산가족들도 하나둘 그리움과 아쉬움을 안은 채 세상을 떠납니다. 북한에 납북되어 억류된 남한 사람들도 있습니다. 최고위층의 방북, 방남, 교류와 화해의 노력 과정에서 이런 분들의 사정을 챙겨본 일이 있습니까? 이런 일들은 위대한 역사적인 사업 추진에 무시하고 묻어버려야 하는 하찮은 일에 불과합니까? 어째서 미국이나 일본은 민감한 국제 정치의 문제를 다루면서도 우리가 무시해버리는, 납치되고 억류된 자국민들을 하나둘씩이라도 챙기는 것입니까? 첫 번째 북미 정상회담 당시에도 트럼프 대통령은 북한에 억류된 3명의 자국민 문제를 챙겨서 본국으로 데려갔습니다. 이들이 귀환하는 날 새벽 대통령이 공항까지 가서 이들을 영접합니다. 북한에 억류된 후 의식을 잃은 젊은이를 위하여 고위 관리가 특별기로 북한에 가서 이 사람을 본국으로 데려갔습니다.

남북한은 영화, 연극은 물론 소설책 하나도 나누어 볼 수 없습니다. 온 세상 사람들이 누리는 우편 교류도 남북 주민들에게는 그림의 떡입니다. 화려한 남북 문화 잔치도 일반 서민에게는 그림의 떡조차 되지 못합니다. 역시 최고위층만의 잔치일 뿐입니다. 정치적인 관계가 나빠지면 이런 일들은 금세 사상누각이 됩니다. 남북 사이 문화 잔치의 기억은 어디로 갔을까요? 북한에는 남한의 노래를 듣거나 드라마 한 편을 보더라도 추상같은 '반동사상 문화배격법'이 있습니다. 일생을 망치는 일입니다. 화해는 최상위 권력층에서만 가능합니다.

남북한의 화해와 교류·협력의 노력을 폄하하려는 것은 아닙니다. 자신들이 하는 일에 너무 들뜨지 말고 북한 당국처럼 차분하게 현실을 생각하는 겸손과 지혜를 권하는 것입니다. 그리고 역사에 남는 위대한 정치적 업적들만큼이나 한 사람의 생명도 중요하다는 기본적인 자세에 관해 이야기하는 것입니다. 이런 기본적인 각성 없이는 화해와 교류·협력이나 통일을 위한 노력 역시 바람직한 성과를 가져올 수 없습니다.

남북한이 갈등과 투쟁의 와중에서 각기 자기 나름대로 생존과 발전을 추구한 지 거의 한 세기 가깝습니다. 이제는 하루아침에 모두가 환영할 통일을 이룰 수 없습니다. 오히려 그런 기대나 시도는 실망과 환멸을 낳아 민족의 앞길에 장애를 만들 뿐입니다. 중요한 것은 역시 우리 민족의 축적된 큰 의미의 정치적 능력입니다. 생각과 이해관계가 다른 사람들이 함께 살 수 있는 능력입니다. 이해하기 힘든 것을 이해할 수 있는 능력입니다. 왜 이 세상에는 모든 사람이 바라면서도 이루어지지 않는 일이 있는지 생각해보는 것입니다. 우리의 희망과 기획만큼이나 현실의 어려움도, 그것을 극복할 우리의 집단적인 능력도 가늠해보는 것입니다. 희망이 간절할수록 이를 이룰 수 있는 자신의 능력과 현실의 어려움을 냉철하게 판단하여 적절한 조치를 강구하는 지혜가 중요합니다. 의료에 종사하는 전문가들의 실제 조사에서 보면 '자신감 점수가 높을수록 실제 실력은 낮다'라는 조사 결과가 있다고 합니다.[3]

---

3   임재준의 의학 노트, '주제 파악의 어려움', 「중앙일보」, 2021년 12월 16일자.

남북 사이에서 한바탕 축제가 벌어졌지만 이어서 욕설과 비방 그리고 경색의 기억으로 이번 정부의 임기가 끝나갑니다. 그런데도 그간의 사정에 관해서 알려진 것은 주로 외국에서 나오는 이야기뿐입니다. 이 작은 노력이 5년간 외교 안보 측면에서 엄청난 인적, 물적 그리고 시간적인 자원을 쏟아부은 역사적인 사실을 돌아보는 데 작은 기여가 되길 바랍니다.

　제2차 세계대전의 패전국으로 승전국의 점령 통치를 10년 만에 극복하는 데 지도력을 발휘한 오스트리아의 초대 대통령 레오폴드 피글(Leopold Figl)의 말을 인용하는 것으로 장황한 서문을 마무리하겠습니다.

　"가장 좋은 외교 정책은 국민적인 합의다."

| 목 차 | |

들어가며   004

서문 하노이의 '어설픈 중매쟁이'?   007

1. 희망과 기대의 계절   023

2. 운전자 혹은 중개인   059

3. 대파국   093

4. 하노이 그 이후 - 사람이 있는 햇볕, 사람이 있는 통일   125

추천사   153

1

희망과 기대의 계절

그해 2018년은 벽두부터 김정은 위원장의 신년사로 새로운 시대가 열리는 것 같았습니다. 전해에 탄핵으로 물러난 전임자의 임기 중 집권한 문재인 정부는 여러 가지 획기적인 정책을 내놓으리라는 기대 속에 출범했습니다. 특히 남북 관계에 있어서는 새로운 긍정적인 변화가 있으리라는 희망이 있었습니다. 그러나 현실은 오히려 엄중하기만 했습니다.

집권 초 무주에서 열린 세계 태권도 대회에서 북한의 평창 동계 올림픽 참여와 함께 남북 단일팀 구성도 언급했습니다. 그러나 북한의 반응은 부정적이었습니다. 북한의 장웅 국제올림픽위원회(IOC) 위원은 '미국의 소리(VOA)' 방송과의 회견에서 이런 말들이 "좋게 말하면 천진난만하고 나쁘게 말하면 절망적이다"라는 오만하게까지 들리는 말로 부정적인 반응을 보였습니다. 그는 정치 군사적인 문제가 해결되기 전에 스포츠가 어떻게 남북 교류의 물꼬를 틀 수 있겠는가 하는 싸늘한 반문을 한 것이었습니다. 이런 자세는 남북 관계에 대한 북한의 기본적인 태도입니다. 즉 남측이 작은 차원에서, 혹은 기능적인 분야에서 교류·협력을 통해 양측 사이에 이견을 관리하면서 점차 통일로 나아가려 하는 반면에, 북한은 큰 틀의 정치적인 문제부터 해결해야 한다는 입장을 오랫동안 고수해왔습니다.

뒤를 이어 7월 6일 문재인 대통령이 방문 중인 베를린에서 북한 측에 핵무기와 미사일 도발을 그만두고 국제사회와 협력의 길로 나아가자는 제안을 했습니다. 이에 대하여 북측은 '궤변'이라는 말로 일축했습니다. 북한은 그와 반대로 오히려 대량살상 무기의 실험에 몰두하고 있었습니다. 2월에는 중거리탄도미사일(IRBM) 발사 실험을 했습니다. 13일 조선중앙통신 등 관영 매체는 이 미사일이 새로운 전략무기체계인 지대지 중장거리 탄도탄이라고 설명했습니다. 국제사회의 비판과 제재에도 불구하고 6차 핵실험을 강행했는데, 전문가들은 이 실험이 북한이 이제 핵무장의 완성 단계에 도달했다는 것을 보여준다는 의견이었습니다. 7월에는 대륙간탄도미사일(ICBM) 발사 실험을 했습니다. 북한은 국가과학원 명의의 특별 중대 발표를 통해 이번 실험이 대륙간탄도로켓 화성-14형이었다고 밝혔습니다. 말하자면 미국 본토를 겨냥한 공격 무기를 실현한 셈입니다. 한 걸음더 나아가 11월에는 최대 사거리가 1만 3,000킬로미터나 되는 화성-15형 개발에 성공했습니다. 이 미사일을 실전 배치한다면 미국 전역이 표적이 될 수 있습니다. 이제 한반도의 군사 안보는 단순히 남북 사이의 문제가 아니라 미국 본토까지도 관련된 상황이 되었습니다.

당연히 미국의 반응은 격할 수밖에 없었습니다. 2017년은 남북보다 북미 간 갈등이 전운을 불러올 정도로 첨예하게 전개되었습니다. 특히 정상들 사이에서까지 난폭한 언어들이 난무하는, 외교 관계에서는 보기 드문 상황도 연출되었습니다. "화염과 분노", "꼬마 로켓맨" 등의 미국 측 발언에 대해 북한은 "수천 배로 갚아주겠다"고 응수하고, 트럼프 대통령을 "노망난 늙은이"라고 불렀습니다. 그러나 정작 큰 문제는 언제라도 이 적대적인 관계가 행동으로 터지지 않을까 하는 두려움이었습니다.

미국의 군사적인 대응은 말뿐만은 아니었던 것으로 보입니다. 미국은 여러 가지 상황을 상정하여 실제 무력 행동에 나설 수 있는 준비와 연습도 하는 것으로 알려졌습니다. '코피 터트리기 작전(제한적 예방 타격)'이라는 말도 나왔고, 미국 내 북한 지형과 유사한 곳에서 북한의 지휘소에 대한 야간 타격 연습을 한다는 보도도 있었습니다. 일본의 오키나와에 있는 미군 기지에 많은 양의 벙커타격폭탄(bunker buster)이 수송된다는 이야기도 있었습니다. 평시에 여러 기지에 나누어 저장하는 이 폭탄은 유사시 해당 지역으로 공수하는 것으로 알려져 있었습니다.

오랜 기간 일면으로 긴장과 도발의 위기를 겪으면서도 다른 면으로 안정된 생활을 누려온 시민들에게는 이런 상황이 일상적인 생활을 불안정하게 하는 것은 아니었습니다. 그렇지만 한반도의 근본적인 불안 상황에 마음을 쓰는 사람들에게는 매우 우려할 만한 일이었습니다. 물론 한반도에서 전쟁이 터지는 것은 어려운 일입니다. 하지만 역시 불안한 것은 예측하기 어려운 두 주역 때문이었습니다. 북한은 오랫동안 외부 세계의 접근이 어려운 신비에 싸인 나라였습니다. 일반적인 상식에서 벗어난 행태가 그 나라에서는 정상인 셈입니다. 미국의 경우도 트럼프라는 특이한 행태의 인물이 막강한 힘을 갖고 있는 최고 지도자였습니다. 만약의 경우 불행한 사태가 발생한다면 그간 온갖 노력과 희생을 치르고 이룩한 우리의 업적이 하루아침에 물거품이 될 것입니다. 민생은 남북한 모두 다시 한번 이루 말할 수 없을 정도로 막대한 희생을 치러야겠지요. 70여 년 전 한국전쟁 당시와는 달리 현재는 전화를 피해 피난을 가는 것은 생각할 수조차 없을 것입니다. 전쟁의 양상도 70년 전과는 근본적으로 다를 것입니다. 지금과 비교하면 그때 양측 무기의 파괴력은 보잘것없는 장난감 같은 것입니다. 그뿐만 아니라 국제적인 파장도 과거와 비교할 수 없을 정도로 클 것입니다. 70년 전 한반도는 세계 질서에서 그렇게 비중이 큰 곳은 아니었습니다. 말하자면 한국에서 전쟁이 일어날 수 있었던 것은 동원된 무기 체계가 상대적으로 작았고, 이 전쟁이 세계에 미치는 영향도 강대국 사이에서 통제할 수 있는 정도였기 때문이었습니다. 역설적으로 한반도에서 새로운 전쟁을 생각하기 어려운 것은 무기의 파괴력이 그사이 엄청나게 증가했다는 점과 함께, 이 지역이 이제 세계에서 상당히 중요한 비중을 차지하게 되었다는 점 때문입니다. 반대로 전쟁이 일어난다면 그 피해 역시 상상을 초월하는 것이 되겠지요. 여러 이유로 2017년은 사태의 추이를 지켜보는 사람들에게 편할 날이 없는 불안한 시기였습니다.

그런데 어느 날 아침 상황은 갑자기 180도 반전해 이 땅에는 화해와 평화의 바람이 불기 시작했습니다. 그 역시 북한의 최고 권력자인 김정은 위원장의 신년사가 발단이었습니다. 우선 김정은 위원장은 신년사에서 그간 개발한 무력에 관한 자신감을 표하고, 이를 기반으로 앞으로는 경제와 평화를 지향하는 정책으로 나아갈 것을 표했습니다. '경제와 평화'란 불가분의 관계에 있는 개념입니다. 그러고는 남한 당국이 고대하던 메시지가 뒤를 이었습니다. 즉 신년 초 열리는 평창 올림픽이 "우리 민족의 위상을 과시하는 좋은 계기로 될 것"이라는 말에 뒤이어 이

대회가 "성공적으로 개최되기를 바란다"는 덕담과 함께 대표단 파견을 포함해 필요한 조치를 취할 용의가 있으니 이를 위해 남북이 시급히 만나야 한다는 것이었습니다. 이것은 마치 한겨울 혹한 날씨에 갑자기 봄날의 훈풍이 불어온 것과 같은 커다란 변화였습니다. 우리나라뿐만 아니라 국제사회도 놀라움과 함께 관심을 기울였습니다.

이 제안에는 과거 북한 정권의 행태와는 매우 다른 점이 있었습니다. 과거 1986년 아시안게임이나 특히 1988년 올림픽을 대하는 북한의 태도와는 전혀 다르지 않습니까? 그때 북한 당국은 "우리 민족의 위상을 과시하는 좋은 계기" 같은 우아한 말은커녕 이를 폄하하거나 비난하고 심지어 방해하려 하기까지 했습니다. 그리고 여러 가지 무리를 무릅쓰고 자신들도 다른 국제 체육대회를 유치해서 체면을 세우려고까지 했습니다. 한 세대 전의 북한과는 전혀 다른 반응의 배경은 무엇일까요? 그것은 한마디로 북한의 자신감, 즉 적어도 무력으로는 남한뿐만 아니라 미국까지도 위협할 수 있는 능력에서 나오는 자신감이었습니다. 이런 자신감이 있기 때문에 김정은 위원장은 남북 정상회담 때 한국의 교통 시설을 칭찬도 하고, 북측은 그런 시설이 미비하다는 겸손한 말도 할 수 있었을 것입니다. 또 다른 면도 있습니다. 그것은 현재 남한에서 집권하고 있는 핵심 인사들이 북한에 대해서 우호적이라는 인식입니다. 이런 인식을 바탕으로 남한의 큰 국제 행사에 당당하게 참여하는 것으로 자신들의 다음 정책 목표 추구에 디딤돌을 놓는 포석을 둔 것입니다.

다음 목표란 다른 것이 아니고 경제입니다. 김정은 위원장이 집권 초기에 약속한 것 중 하나는 국민의 생활수준을 높여주겠다는, "다시는 허리띠를 졸라매지 않도록" 하겠다는 것이었습니다. 그런데 무력 분야에서는 세상을 놀라게 할 만한 진전을 이룩했지만, 경제 사정만은 그렇지 못했습니다. 한 분야에서 성취가 다른 분야의 실패가 된 것입니다. 이제는 핵 무력과 함께 경제 발전도 추구해야 할 상황이었습니다. 북한 정부는 이런 정책을 핵과 경제의 '병진'이라고 불렀습니다. 그러나 그러기 위해서는 먼저 국제사회의 엄중한 경제 제재를 해제하거나 최소한 완화하지 않으면 안 되었습니다. 사실 북한이 도발 행보에서 평화와 화해 제스처 쪽으로 돌아서는 모습을 보인 건 대북 제재와 이로 인한 피로감, 체제 위기 등이 복합적으로 작용한 것으로 볼수 있습니다. 이는 김정은 위원장이 신년사 곳곳에서 "겹쌓이는 난관과 시련"이나 "유례없는 엄혹한 도전" 등을 언급한 데서도 알 수 있습니다. 또 "불순 적대분자 준동을 색출 분쇄하라"고 주문한 것도 대북 제재와 경제난으로 엘리트 계층에서까지 체제

이반 현상이 노출되었고, 주민들의 민심 동요가 우려되었기 때문이란 분석이 있습니다. 김정은 위원장이 "어떤 제재와 압박에도 끄떡없을 것"이라고 자신하던 데서 위기감을 호소하는 쪽으로 분위기를 바꾼 건 그만큼 내부 사정이 좋지 않았다는 것을 보여줍니다. 서울의 북한 전문가들은 "평양에서 드디어 대북 제재의 고통을 견디기 힘들다는 비명 소리가 들리기 시작했다"는 관측을 내놓기 시작했습니다.

당시 북한이 처한 어려움은 핵과 미사일 도발로 점철된 2017년 한 해 대북 제재와 관련한 국제사회의 움직임을 살펴보면 더 잘 확인할 수 있습니다. 2017년 12월 22일 유엔 안전보장이사회는 북한의 ICBM급 화성-15형 도발에 대응해 대북 유류 제재를 한층 강화하는 결의안을 채택했습니다. 휘발유와 경유, 등유 등 석유 정제품 공급량을 크게 줄이고, 달러 획득을 위해 해외에 파견한 노동자를 2년 이내에 북한으로 복귀시키도록 했습니다. 앞서 9월 6차 핵실험 직후 의결된 유엔 안보리 대북 결의 2375호는 북한의 섬유 수출 금지와 원유 판매량 제한 같은 과거 찾아보기 어려운 강력한 조치를 포함하고 있었습니다. 이전 제재 목록에 담긴 석탄과 철광석, 수산물과 함께 북한의 핵심적인 달러 획득 수단 중 하나인 섬유 제품의 수출길이 막히게

된 것이었습니다. 10만 명에 달하는 것으로 추산되는 해외 노동자 송출의 경우도 중단 사태를 맞으면서 연간 5억 달러 수준의 외화벌이가 끊길 상황에 처했습니다. 여기에다 각 국가별 독자 제재에 외교공관 폐쇄 조치 등까지 이어지며 북한의 경제는 말 그대로 사면초가 상황이었습니다.

이런 어려움은 김정은의 2018년 신년사에서도 확인됩니다. 김정은 위원장은 "지난해 미국과 그 추종 세력들의 반공화국 고립 압살 책동은 극도에 달했으며 우리 혁명은 유례없는 엄혹한 도전에 부닥쳤다"고 밝혔습니다. 두 달 전인 2017년 10월 평양에서 열린 노동당 7기 2차 전원회의에서 대북 제재와 관련한 대응책을 강조하던 연장선상이었습니다. 김정은이 전원회의 연설에서 언급한 20여 개 항목 가운데 5개가 대북 경제 제재와 관련한 사안이었습니다. 김정은은 "제재 압살 책동을 물거품으로 만들고 화를 복으로 전환시키기 위한 기본 열쇠가 바로 자력갱생"이라며 외부의 자원 공급 없이도 버틸 수 있는 체제를 갖추자고 역설했습니다. 그러나 아무리 위대한 영도자라도 연설만으로 경제를 추동할 수는 없습니다. 미국 주도의 대북 압박이 자신들에게는 먹히지 않을 것이라고 호언하던 북한이 '제재 피해 조사위원회'를 꾸렸다는 사실도 대북 제재가 약효를 발휘하고 있다는 반증이었습니다. 조사위는 2017년 10월 내놓은 담화에서 "주민들의 일반 생활용품까지 이중 용도의 딱지가 붙어 제한받음으로써 어린이들과 여성들의 권리 보호와 생존에 막대한 지장을 주고 있다"고 호소했습니다. 여성과 어린이를 내세워서 국제 사회 여론에 호소한 것입니다. 그만큼 북한의 입장이 다급하게 돌아가고 있었습니다. 전문가들 사이에서는 조심스럽지만 새로운 사태의 전개에 대한 예상들이 나오기 시작했습니다.

사태의 새로운 전개에 대한 또 한 가지 다른 추측은 우리 정부가 물밑에서 어떤 접촉을 통해 이런 상황을 추동하려는 노력을 하고 있었으리라는 것입니다. 특히 정책이나 인적인 면에서 북한과의 접촉과 교섭에 유능한 서훈 당시 국정원장이나 임종석 비서실장이 어려운 상황에서 북한과 아무런 대화나 교섭 없이 지내지는 않았을 것이라는 추측입니다. 물론 정부는 이런 활동에 관하여 아무런 발표가 없었습니다. 단지 남북 간 첫 정상회담이 열리는 현장에서 서훈 원장이 눈물을 훔치고 있는 것이나, 임종석 실장이 감동에 겨운 표정을 짓고 있는 것이 기자들에게 포착되어 이런 추측을 뒷받침해주는 듯합니다.

서훈 국정원장은 판문점 선언이 타결되는 순간 뒤돌아서 안경을 벗은 채 눈물을 흘리다가 손수건을 꺼내 이를 훔쳤습니다.

그는 이명박, 박근혜 정부 시절 별 직책이 없이 아내와 함께 서울 청계천 변에서 작은 와플 가게를 운영했던 것으로 알려졌습니다. 그러던 그가 문재인 정부의 등장과 함께 국정원장으로 발탁되어 마침내 문재인 대통령과 김정은 위원장의 정상회담을 성사시키는 데 큰 역할을 한 것입니다. 물론 회담 성사를 위해 여러 어려움도 있었을 것이고, 그만큼 감회가 깊었을 것입니다. 임종석 비서실장도 만족스러운 표정을 하고 옆에 있었습니다.

이런 사실은 단지 추측의 차원만은 아닙니다. 특히 관심을 받는 것은 서훈 국정원장과 김영철 북한 노동당 통일전선부장 간 경로였습니다. 청와대 내외에 알려진 것은 바로, 남북 간의 여러 의사소통 통로 중 정상회담을 위한 의사소통 역할을 한 것이 바로 이 경로라고 합니다. 문재인 대통령과 김정은 위원장의 정상회담 자리에 서훈 원장과 김영철 통전부장만 배석하도록 한 것도 이런 정보를 뒷받침해줍니다. 이런 일들로 미루어보아 김정은의 신년사나 그 후에 일어난 큰 사건들의 이면에, 그리고 그 내용 면에 있어서도 남한 측의 움직임이 반영되어 있었을 것이라는 추측도 상당한 설득력이 있습니다. 언젠가는 이런 이면의 일들이 모두 밝혀지리라 여깁니다. 다만 한 가지는 확실합니다. 북한 당국이 계속 적대적인 도발을 지속하다가 어느 날 갑자기 화해와 평화의 메시지와 함께 핵무기에 관한 논의를 하겠다고 해서 자신의 마음을 바꾼 것은 아니지 않겠는가 하는 것입니다. 마찬가지로 김정은의 신년사가 남한 당국이 전혀 예상치 못한 놀라운 뉴스도 아닐 것이라는 점입니다. 근거를 확인할 수 없지만 「시사저널」은 북한이 실은 그 전해 10월부터 남한의 평창 행사에 보낼 응원단 조직과 연습을 시작했다고 보도했습니다.[4] 평창 올림픽에 김정은이 여동생 김여정을 파견할 수도 있다는 신문 기사가 그 전년 말에 이미 나오기도 했습니다.[5]

남북 간의 물밑 조율이 있었다고 볼 또 다른 정황은 김정은의 신년사 직후 발 빠르게 움직인 청와대와 정부의 대응입니다. 마치 김정은 위원장이 신년사에서 어떤 제안을 내놓을지 이미 짐작하고 있었다는 듯 기민하게 대처했습니다. 청와대는 신년사 발표 6시간 40분 만인 당일 오후 환영 입장을 냈습니다. 이어 1월 2일 문재인 대통령은 국무회의에서 "김 위원장이 신년사에서 북한 대표단의 평창 올림픽 파견과 남북 당국 회담 뜻을

---

4 「시사저널」 단독, '북한 평창 응원단 지난해 10월 처음 조직됐다' 김지영 기자, 2018년 2월 26일자.
5 김정은의 2월 노림수… 여동생 여정 평창 파견할 수도', 이영종의 평양오디세이, 「중앙일보」, 2017년 12월 27일자.

밝힌 것은 평창 올림픽을 남북 관계 개선과 평화의 획기적인 계기로 만들자는 우리의 제의에 호응한 것으로 평가하며 환영한다"고 하면서 통일부 등에 대화의 조속한 복원과 후속 조치 등을 주문했습니다. 조명균 통일부 장관도 기자 회견을 통해 "9일 판문점 평화의 집에서 고위급 당국 간 회담을 하자"고 제의했습니다. 북한은 하루 뒤인 3일 이선권 조국평화통일위원회 위원장이 직접 북한 TV에 나와 판문점 통신 채널 복원 방침을 알렸습니다. 개성공단 폐쇄 조치 때 함께 단절되었던 남북 직통전화가 1년 11개월 만에 다시 열린 것입니다.

서울이 김정은 위원장의 신년사에 대하여 환영 일색인 반면 워싱턴의 반응은 서울과 온도 차가 있었습니다. 도널드 트럼프 미국 대통령은 신년사 이튿날인 2일 북한의 대남 대화 제안에 대해 "좋은 뉴스일 수도, 아닐 수도 있다"며 시큰둥한 반응을 보였습니다. 또 트위터를 통해서는 "김정은이 '핵단추가 자기 책상 위에 놓여 있다'고 했는데 나는 그것보다 더 크고 강력한 핵단추가 있다"고 일갈했습니다. 허버트 맥매스터 백악관 국가 안보 보좌관은 "북한 신년사를 듣고 안심한 사람이 있다면 그는 분명 연휴 동안 샴페인을 너무 마셔서 그런 것"이라고 역시 신통치 않은 듯한 말을 했습니다. 김정은 위원장의 신년사에 즉각 반응하며 나선 문재인 정부를 겨냥한 발언처럼도 들렸습니다. 세라 샌더스 백악관 대변인도 브리핑에서 "(트럼프) 대통령과 미국인들은 북한 지도자의 정신건강을 우려해야 한다"는 발언을 했습니다. "북핵 해결에 도움이 되지 않는 남북 관계 개선은 의미가 없다"는 말도 나왔습니다. 미국 공화당의 린지 그레이엄 상원의원은 "한국이 (김정은이 신년사에서 밝힌) 북한의 올림픽 참가 제안을 거부할 것으로 보인다"면서 "평양 측이 평창 동계 올림픽에 참가한다면 미국은 참가하지 않을 것이라고 확고하게 믿는다"는 반응까지 내놓았습니다.

적어도 김정은 위원장의 신년사가 나온 시점에 워싱턴 조야의 반응은 서울과는 상당한 차이가 있었습니다. 긴밀한 동맹 관계인 두 나라가 북한에 대한 생각에 있어서 상당한 차이를 보인 것이었습니다. 그리고 그사이의 남북 간의 상황에 관하여 미국 측에서 알지 못하고 있었다는 추측이 가능합니다. 그렇지만 트럼프 정부는 공식적으로 이런 진전을 반겼고, 문재인 대통령의 제안에 호응해서 한미연합훈련 연기에 동의했습니다. 금강산 합동 문화제나 마식령 스키장 공동 훈련 등에 지장이 없도록 해주었습니다.

한반도 사태는 마치 기다렸다는 듯 빠른 속도로 진행되었습니다. 뒤이어 북한의 고위층 대표단이 남한을 방문하여 평창 올림픽 개막식을 참관했습니다. 한 가지 특별한 점은 북한 측 평창 올림픽 대표단에 김여정이 있었다는 사실입니다. 물론 대표단에 는 북한의 당과 정부 그리고 체육계 주요 인사가 고루 있었습니 다. 대표 단장도 최고인민회의 상임위원장인 김영남이었습니다. 물론 실제 권한이 있는 이른바 실세 정치인은 아니었지만 어쨌 든 북한의 최고위층 인사입니다. 그러나 가장 괄목할 만한 인물 은 역시 김여정이었습니다. 이른바 백두 혈통의 일원이, 그것도 최고 지도자의 최측근으로 알려진 인물이 대표단으로 방문한 것은 특이한 일입니다. 특히 '곁가지'가 아닌 백두 혈통이란 '본 가지' 중에서도 권력자의 최측근에 있는 인물이 남한 땅에 온 것 은 처음 있는 일입니다.

1972년 7·4 공동 성명을 위한 협의를 위해 같은 해 5월 2 일 이후락 중앙정보부장이 비밀리에 북한에 갔을 때, 우리 측의 강력한 요청으로 김일성의 동생 김영주가 교섭 상대가 되었습 니다. 그 후 남한에 답방으로 온 것은 김영주가 아닌 박성철이었 습니다. 잘 알려진 사실처럼 북한의 백두 혈통이란 일본의 황실 보다 더 중요한 위치로서, 기독교의 '성 가정'에 비교할 만한 위 상입니다. 특히 백두 혈통 중에서도 김여정은 실제 권력의 실세 로 김정은의 최측근에 있는 인물입니다. 당시 그녀는 노동당 제 7기 2차 전원회의에서 당 정치국 후보 위원에 오르면서 선전선

동부 부부장에서 제1 부부장으로 승진한 것으로 전해졌습니다. 김정은 정권에서 가장 빠르게 고속 승진한 인물이 바로 김여정입니다. 게다가 공식적인 직책보다 더 중요한 것은 그녀가 김정은의 혈육으로서 믿고 곁에 둘 수 있는 거의 유일한 인물이라는 점입니다. 개인적으로 보기에도 김여정은 백두 혈통 중에서도 특별한 존재입니다. 돌아가신 황장엽 선생은 '김여정이 고영희의 세 자녀 중에서 제일 똑똑하고 영리한 것으로 알려졌다'고 언급한 일이 있었습니다. '만약 김여정이 남자였다면 권력을 물려받았을 것'이라고 회고한 일도 있었습니다. 반면 그녀에 대해서 '성미가 까다롭고 고집이 세다'는 평도 있습니다.

김여정이 남한을 방문한 것 역시 남한 측의 힘겨운 노력이 있지 않았겠는가 하는 추측도 있습니다. 김정은의 '진심'이 북한 대표단의 무게에 담겨야 하고, 그러려면 김여정 정도 인물이 방문해야 한다는 남한 측의 강력한 요청이 있지 않았겠는가 하는 추측입니다. 김여정의 남한 방문에도 서훈 국정원장의 특별한 역할이 있었을 것이라는 이야기입니다. 그해 2월 10일 김여정 일행이 청와대를 방문하여 문재인 대통령이 이들을 접견할 때에도 서훈 원장과 조명균 통일부 장관을 특별히 소개하며, 이분들이 "김대중, 노무현 전 대통령 당시에도 북한을 수시로 방문했고 남북 관계를 원활하게 하려 노력했던 분들"이라고 소개했습니다. 이어서 "이 두 분을 모신 것만 보아도 제가 남북 관계를 빠르고 활발하게 발전해나가려는 의지를 느낄 수 있을 것"이라고 강조했습니다. 다른 한편으로 김여정의 방남은 김정은 위원장에게도 평창 올림픽 참가를 시작으로 이어진 일련의 정책적인 전환이 중요했다는 점을 시사해줍니다. 여하간 김여정이 북한 대표단에 참여해 대표단의 위상이 높아진 것만큼이나, 우리나라 일반인들의 관심도 크게 높아졌습니다. 김여정은 남한 주요 사이트 실시간 검색 1위에 올랐습니다.

　김여정의 방문이 단지 상징적인 의미에만 그치는 것은 아니었습니다. 평창 동계 올림픽 개막식 이튿날 청와대에 북한 고위층 대표단이 방문했습니다. 환담이 이어지던 중 김여정은 자세를 고쳐 정색을 한 후 입을 열고 자신은 "경애하는 김정은 국무위원장 동지의 특사" 자격으로 이 자리에 있다고 발언했습니다. 그 자리의 격과 의미가 한순간에 바뀌는 상황이어서 실내에 일순 긴장감이 흘렀습니다. 올림픽 개막식에 온 북측 대표단의 단장은 최고인민회의 상임위원장이었지만, 실제로 중요한 인물은 역시 최고 지도자의 친서를 들고 온 그의 다섯 살 아래 누이동생 김여정이었던 것입니다. 김여정은 수행원이 받들어 올리는 은회색 서류 가방을 받아 직접 서류 가방을 열고, 그 안에서 감색 케

이스에 담긴 문건을 꺼냈습니다. 이 가방은 수행원이 청와대 도착 때부터 바닥에도 내려놓지 못하고 공손하게 두 손으로 모시고 있었습니다. 김여정이 꺼낸 문건의 겉표지에는 금박으로 된 북한 국무위원장의 상징 문장(紋章)과 함께 '조선민주주의인민공화국 국무위원장'이란 글씨가 드러났습니다. 김여정은 이 문서를 들고 일어서 문재인 대통령에게 두 손으로 전달하며 "김정은 위원장의 뜻"이라고 말했습니다. 문재인 대통령도 정중한 자세로 두 손을 내밀어 이를 받았습니다. 김정은 위원장의 친서였습니다. 김정은 위원장은 친서를 통해 "빠른 시일 안에 평양을 방문해달라"고 문재인 대통령을 북한으로 초청했습니다. 그것도 친동생 김여정의 손으로 직접 전달된 초청장이었습니다. 이는 곧 문재인 대통령과 만나 정상회담을 하고 싶다는 제안이었습니다. 김정은이 직접 서명한 정상회담 제의 서한인 데다, 여동생이자 최측근 실세로 알려진 김여정이 직접 전달했다는 점에서 큰 무게가 실리도록 배려한 점이 이 제안을 더욱 돋보이도록 했습니다. 김정은 위원장의 초청에 대하여 문재인 대통령은 필요한 여건을 만들어 방북을 실현할 것이라고 답했습니다. 그 외에 그는 남북 관계의 발전을 실현하기 위해서는 북미 간의 대화가 필요하다고 지적하고, 북한 측에 미국과의 관계를 적극적으로 추진할 것을 권했습니다.

김여정은 북한으로 귀환한 후 남한에서 접한 여러 가지 정보와 자신의 의견을 직접 김정은 위원장에게 가감 없이 전달했을 것입니다. 김여정이 아니면 할 수 없는 일입니다. 후일 같은 해 4월 27일 판문점 남측 지역에서 남북 정상회담이 열렸습니다. 당시 문재인 대통령과 김정은 위원장 두 정상의 도보 다리 대화와 기념식수 등을 기다리면서 김여정을 포함한 수행원들끼리 가벼운 대화를 나누었습니다. 그 자리에서 임종석 실장은 김여정에게 언론에서 당신(김여정)과 내가 '짝꿍'이라고 한다고 말하자, 서훈 원장은 임종석의 이 말이 임종석의 언론 플레이라고 끼어들었고, 정의용 안보실장은 김여정의 '짝꿍' 자리를 둘러싸고 경쟁이 심할 것이라며 자기도 이 경쟁에 참가해야 한다는 식의 말로 함께 끼어들었습니다. 김여정은 시종 미소를 띄운 채 아무 말도 없었던 것으로 알려졌습니다. 물론 군이 답을 할 필요도 없었겠지요.

모처럼 여유 있는 틈에 수행원들 사이의 가벼운 여담이었지만, 남측 요인들의 이런 '수작'을 들으면서 김여정이 어떤 느낌이었을까 생각이 미칩니다. 북한 사정에 정통한 몇 분들에게 이 질문을 해보았습니다. 여러 응답을 종합해서 정리해보자면 김여정의 미소는 마치 신분 사회의 왕족 출신 고위직이 한시적인 직책을 맡고 있는 평민 출신 관리를 대하는 것 같은 심경을 보여주는 것 아니겠는가 하는 답이었습니다. 한가한 이야기만은 아닙니다.

정작 올림픽 경기에는 북한의 미녀 응원단도 참여하고, 여자 아이스하키 경기에 남북한 단일팀이 구성되어 출전하고, 북한의 마식령 스키장에서 남북한 선수들이 함께 연습을 하는 무리한 행사도 있었습니다. 그러나 이 두 행사 모두 그 취지는 좋은 일이지만 스포츠를 정치적인 필요에 맞추어 운영하려 한다는 비판과, 특히 남한 선수들의 불만에 따르는 잡음도 있었습니다. 이런 불만이나 비판이 표면에 노출된 것도 이 행사의 새로운 면이었습니다. 말하자면 그사이 변화한 남한 사회의 일면을 보여주는 장면이었습니다. 예전 같으면 같은 민족이 모처럼 함께하는 중요한 민족적 행사에 감히 불만이 나오지도 못했을 것이고, 혹여나 그런 불만이 있었을지라도 바로 억압되었겠지요.

표출된 불만이나 비판에 대한 반대 여론도 있었고, 정부도 이를 무마하려고 노력했습니다. 이런 새로운 현상은 그사이 우리 사회가 많이 변화했다는 사실을 보여줍니다. 그와 함께 이런 변화를 조금 진지하게, 그리고 긍정적으로 받아들일 필요도 있습니다. 중요한 것은 이런 정치 행사 위주의 스포츠 운영이 그 좋은 뜻에 비하여 단기적으로 국내에서 정치적 관심과 인기를 끄는 이벤트로서의 효과 이외에는, 실제 현실에서 지속적인 영향이 미미하다는 점입니다. 왜냐하면 이런 행사가 정치적 관심과 목적으로 이루어지는 것이기 때문입니다. 이런 일은 우리의 희망을 현실에 어떻게 하든 억지로라도 실현시켜 우리 자신에게 보여주려는 면이 강하기 때문입니다. 남북 간에, 그리고 사람 사이에 조금씩이라도 지속적으로 진정한 변화를 일으키는 것은 정치인들이 눈에 보이는 정치적 목적으로 급조해서 조직하는 스포츠가 아닌, 실제 스포츠인들이 정치와는 관계없이 자율적으로 조직하는 경기나 행사입니다.

남북이 함께하는 큰 잔치였던 평창 올림픽은 또 다른 면에서 양측 사이의 차이와 간격을 보여주었습니다. 그것은 그사이 남한 사회에 문화 면에서도 많은 변화가 있었던 반면, 북한은 과거 그대로의 모습이었기 때문이라는 지적이 있습니다. 남한의 관중이 어떤 현상에 환호와 박수 등 자발적인 반응을 보이는 반면, 북한의 응원단원들은 여전히 미리 정해진 반응밖에는 하지 못하는 구태의 모습 그대로라는 지적입니다. 북한 응원단의 일사불란한 모습도 남한 관중들에게는 인위적이고 어색한 것이었습니다. 일례로 경기 중 휴식 시간에 한국 힙합 그룹 다이나믹 듀오가 깜짝 공연을 했는데 '출첵'이란 노래로 흥을 돋우자 관객들도 자연스럽게 따라서 열창했습니다. 북한 응원단도 처음엔 손뼉을 쳤지만 곧 가만히 앉아 외면하는 모습을 보였습니다. 그리고 단장의 지휘에 맞춰 북한 노래를 부르며 자신들만의 응원을 했습니다. 어색한 장면입니다. 그뿐만 아니라 북한 응원단은 귀환 이후 평양에서 사상 재교육과 함께 서로의 잘못을 지적하고 자아비판을 하는 이른바 '총화' 과정을 거쳐야 했다고 합니다.[6] 전야제와 개막식에서 선보인 새로운 장면, 공중에 뜬 드론이 만드는 오륜기, 그리고 기계 물고기나 페인팅 로봇 같은 하이테크 문화와 살아 있는 비둘기 대신 풍선 비둘기를 사용한 것 등은 외신에게도 긍정적인 평을 받았습니다. 북한 측 참가자들에게도 새롭고 경이로운 광경이었을 것입니다. 그리고 이런 인상과 감동을 자신들의 현실에 가지고 가야 하는 부담도 있었을 것입니다. 이런 모습들이 보여주는 것은 평소 자유롭고 원활한 교류의 절실한 필요성입니다. 이런 일들은 평상시에 자연스럽게 장애물 없는 교류를 통하여 형성된 상식 차원의 공감과 정서의 공유가 아닌, 정치적인 필요와 시급한 사정으로 조성된 행사의 무리한 점을 시사합니다.

---

6   전수진 기자, 「중앙일보」, 2018년 3월 1일자.

평창 동계 올림픽은 물론 남한 측이, 특히 정부보다 민간 차원의 인사와 자원이 동원되어서 국제사회의 어려운 경쟁을 뚫고 오랫동안 노력한 결과입니다. 특히 삼성의 고(故) 이건희 회장의 특별한 노력에 대해서는 잘 알려져 있습니다. 단순히 정부 차원의 외교력만으로 가능한 일이 아니었습니다. 정부가 이 행사를 남북 간 화해와 교류·협력을 위한 정책에 활용하려 한 것은 당연한 일입니다. 남북이 하나가 되는 이런 행사에 드는 비용은 북한 선수들의 장비까지 포함해서 모두 남한 측 부담이었습니다. 북한의 입장은 어떻겠습니까? 남의 잔치에, 그것도 늘 애지중지하는 반가운 형제도 아닌, 항상 우열을 가리고 때로는 경쟁을 넘어 불구대천의 원수로 생각해야 하는 상대방 잔치에 빈 숟가락만 들고 가야 합니다.

그런데 북한 정권의 대처는 한 세대 전 1988년 서울 올림픽 때와는 크게 달랐습니다. 북한은 이 행사를 공동의 행사로 함께 하면서 일면으로 국내에서의 체면의 문제나, 혹시 있을 북한 주민의 반응을 통제하고, 다른 면으로 어차피 추진해야 할 '핵무력 완성' 이후의 새로운 정책 노선 개척의 입구로 활용하려고 했지요. 이것이 김정은 위원장이 신년사에서 언급한 '민족의 경사'의 배경이라 생각합니다.

북한은 가능한 한 이번 올림픽 행사가 적어도 남북한 공동 행사인 것 같은 인상을 심으려는 노력을 했습니다. 남한 일부 언론은 북한의 선전 매체들이 "마치 평양 올림픽이 열리는 듯한 영상물을 제작하는 등 이번 올림픽의 주인 행세"를 하고 있다고 보도했습니다. 올림픽 개막 전날인 2월 8일에는 평양에서 열병식을 개최하고, 외국인 관광객을 대상으로 한 관광 상품까지 내놓았다고 합니다. AP통신은 "김정은이 올림픽을 마치 챔피언처럼 갖고 논다"는 논평도 했습니다.[7] 그렇지만 북한의 이런 노력이 자국 내외에서 어떤 성과를 거두었는지는 미지수입니다. 북한이 잘할 수 있는 것은 결국 열병식이나 많은 수의 인원을 동원한 매스 게임 같은 것이었습니다. 그에 비해 평창 올림픽 전야제나 개막식 등은 북한 측 참가자 고위 정부 인사나 선수들 그리고 응원단 등 모든 사람들에게 큰 인상을 주었을 것입니다. 특히 30년 전이나 마찬가지인 북한 응원단의 퍼포먼스는 남한이 선보인 화려한 구경거리와는 큰 대조를 이루었습니다. 얼마나 신빙성 있는 정보인지는 몰라도 이 행사의 뒷이야기 중 하나는 북한 당국이 행사 참여자들에게 북한에 귀환한 후 이 행사 중 경험한 일들을 주변에 발설하면 안 된다는 엄격한 지침을 주었고, 이를 어긴 2명의 응원단 멤버를 처벌했다는 것이었습니다.

---

7 「조선일보」, 2018년 1월 19일자.

공동 문화 행사나 체육 행사가 모두 매끄럽게 잘된 것은 아니었습니다. 북한 측은 현송월 삼지연 관현악단 단장이 이끄는 예술단 공연을 위해 사전 점검단을 1월 20일 파견한다고 했다가 바로 당일 밤 아무런 설명 없이 이를 중지했습니다. 그랬다가 우리 측의 설명 요구에는 별 답변이 없이 다음날 파견했습니다. 2월 4일로 예정되었던 금강산 남북 합동 문화 공연은 행사를 엿새 앞두고 북한 측이 역시 일방적으로 취소했습니다. 우리 정부 관계자들 사이에서는 북한의 일방적인 통보에 황당하다는 이야기들이 나왔습니다. 남한이 이런 북한의 조치들에 대하여 큰 유감을 표하면서 "어렵게 남북 관계 개선에 첫발을 뗀 상황에서 남과 북 모두 상호 존중과 이해의 정신을 바탕으로 합의한 사항은 반드시 이행해야 한다"는 완곡한 항의를 했습니다. 북한 측은 이에 대하여 남한의 언론 탓을 했습니다. 즉 남한 언론이 북한의 평창 올림픽에 관한 진정 어린 조치들을 모독하는 여론을 확산시키고 있으며, 북한 내부의 경축 행사까지 시비를 걸기 때문에 합의된 행사일지라도 취소할 수밖에 없다는 설명이었습니다.

그러나 남한 언론의 행태와 정부와의 관계를 잘 아는 북한이 중요한 행사를 언론 탓으로 취소했다는 것은 설득력이 없습니다. 무슨 다른 이유가 있었는지 수긍이 가는 유력한 설명은 없습니다. 금강산에 있는 우리 측이 건설한 시설을 북한이 몰수

했는데, 이 시설을 우리가 다시 점검하고 재가동하는 것이 북한 측에 어색할 수 있었다는 해석도 있습니다. 실은 남한 주도의 행사 페이스에 따를 수만은 없었던 북한이 일종의 기싸움을 벌인 것이라는 해석도 있습니다. 그러나 어떤 해석이건 간에 모처럼 화해와 협력에 합의하고 함께 일을 도모하는 상황에서도 양측 사이에 껄끄러운 문제들이 계속 생긴다는 사실은 어쩔 수가 없습니다.

잘 알려지지 않은, 사소하다면 사소한 사건들도 있습니다. 작은 사건이지만 이런 행사의 정치적인 성공을 다시 생각해보게 하는 다른 이야기입니다. 올림픽 행사에 참여해야 하는 인원들을 행사장으로 데려가는 버스 안에서 일어난 일입니다. 이 버스에는 북한 측 요원도 남한 측 요원도 함께 타고 있었습니다. 이 것은 특별한 일이 아니고 운행 중의 보안을 위하여 일상적으로 있는 일입니다. 운행 도중 북한 측 요원이 큰 소리로 이의를 제기하면서 기사에게 운행 중지를 지시했습니다. 이유인즉슨 버스에 달려 있는 한반도기에 독도가 명기되어 있지 않다는 것이었습니다. 이 기를 제대로 된 것으로 바꾸어야 차가 갈 수 있다는 것이었습니다. 이런 언동이 이치에 맞는 것이 아님은 본인도 잘 알고 있었을 것입니다. 국제올림픽위원회의 규정에 따라 국가 간 분쟁의 여지가 있는 상징물들은 올림픽 행사에 등장할 수 없습니다. 만약 독도가 표기된 한반도기를 달고 있었더라면 일본 측의 강력한 항의를 불러왔을 것이고, 대회의 진행에도 부정적인 영향을 끼쳤을 것입니다. 이런 사실을 모를 리 없음에도 그 요원은 막무가내였습니다. 문제는 이런 억지 주장뿐만 아니라 이의를 제기하는 태도였습니다. 그것은 단순히 '잘못을 시정하자'는 자세가 아니라 마치 상급자가 잘못을 저지른 아랫사람을 닦달하듯이 거칠고 난폭한 태도였습니다. 버스 기사가 정지하지 않고 운행을 계속하자, 이 요원은 운전석으로 다가가서 운전대를 자기 마음대로 꺾으면서 운행을 정지시키려고까지 했습니다. 자칫 사고 등 불상사가 일어날 수도 있는 상황이었습니다. 우리 측 요원은 이런 상황을 예상하고 있었던 것 같았습니다. 우선 큰 소리로 말썽을 부리는 북한 측 요원을 차분하게 설득했습니다. 시정할 일이 있으면 후에 승용차로 다시 가져올 수도 있으며, 이 버스는 시간에 맞추어 행사장까지 행사에 필요한 인원들을 수송해야 한다고 달래자 그는 못 이기는 척 다시 자리에 앉았습니다. 그렇지만 그 후에도 여러 가지로 고압적인 태도로 질책성 언사를 계속했습니다. 이런 운행에는 병에 든 생수를 충분하게 보급하는 것이 관례인데도, 무엇 때문에 이렇게 물을 많이 가져오는가 하며 트집을 잡고, 심지어 추운 날씨에 얼음은 무엇 때문에 가져오는가 질책을 하는가 하면, 행사 요원이 얼음을 수거

하려 하자 이왕 가져온 것이니 그냥 두고 가라는 등 말썽부리는 언동을 계속했습니다.

이런 일은 물론 민족적인 큰 행사의 이면에 일어나는 작은 에피소드에 불과하며, 독특한 성격을 가진 북한 요원의 개인적인 일탈에 불과하다고 넘겨버릴 수도 있습니다. 그러나 북한 내부와 남북한 관계의 어려운 사정에 익숙한 사람이라면 그렇게만 치부하지는 않을 것입니다. 이 요원은 분명히 상부의 지침에 따라 행동했을 것입니다. 즉 북한 측 행사 참여자들에게 이 올림픽 행사가 남한의 주도와 주관으로 이루어지는 것만이 아니며, 북한 측도 남한의 후의로 초청된 손님으로만 온 것은 아니라는 점을 보여주려는, 어쩌면 눈물겨운 노력의 일환이었을 것입니다. 우리나라 속담에 '양반들이 눈을 흘기면 상놈은 머리가 터져야 한다'라는 말이 있습니다. 양측 정권의 높은 지위에 있는 분들이 민족의 화해와 평화를 이야기할 때 아랫사람들은 또 그대로 따라야 하는 일들이 있습니다. "남쪽도 작전이고 북쪽도 작전이고 백성들만 고달픕니다." 2011년 평양에서 노래자랑 행사 사회를 본 송해의 회상입니다.

여러 가지 작은 잡음도 있었지만, 평창 올림픽은 국제적인 차원에서도 큰 성공이었습니다. 국제올림픽위원회도 이번 올림픽이 단지 스포츠 차원 이상의 의미를 가질 수 있도록 최선을 다해 협력했습니다. 남북한 공동팀 구성이나 공동 훈련 등에 차질이 없도록 융통성을 갖고 최대한 협력했습니다. 해외의 반응은 기대 이상으로 긍정 일색이었습니다. 심지어 "평창 올림픽의 문제는 문제가 없다는 것이 문제다"라는 평도 있었습니다. 캐나다 스포츠 칼럼니스트 부르스 아서의 말입니다.[8] 성화 점화를 한 김연아 선수의 우아한 모습 역시 극찬의 대상이었습니다. 이런 국제사회의 평가는 30년 전 하계 올림픽을 떠올리게 합니다.

1988년 서울 하계 올림픽은 대한민국이 발돋움해서 국제사회에 자신의 위상과 역할을 선보이는 격이었습니다. 말하자면 분단과 전쟁을 겪고 간신히 산업화를 이룬 나라, 반면에 아직 정치 등 영역에서 많은 문제를 안고 있는 채 그사이 이룩한 성취를 딛고 세계에 '등장(coming out)'하는 계기였습니다.[9] 그렇다면 평창 동계 올림픽은 그사이 한 세대의 짧은 시간에 한국이 이룩한 성장과 성숙 그리고 성취를 한 장면으로 보여주는 감동적인 경험이었습니다. 항상 남의 좋은 점을 따라 배우고 좇아가려고 한 노력이 이제 다른 사람들을 감동시켜 영감을 주고 이끌기도

---

8   연합뉴스, 2018년 2월 10일.
9   졸저, 『세계의 발견』, 경희대 출판문화원, 2010년 참조.

할 수 있는 성숙함으로 발전했다는 사실을 시현한 셈입니다. 단지 고질적인 난제, 남북 관계만은 근본적으로 아직도 예전과 마찬가지로 남아 있었습니다. 그리고 이것마저 어떻게 하던 해결의 실마리를 찾아보려는 노력이 이 화려한 행사의 저변에 깔려 있다는 사실이 국제사회의 좋은 평을 받은 것입니다.

모두 네 차례에 걸친 정상회담을 포함해서 수많은 남북 간의 만남과 회의가 있었고, 그럴 때에는 온갖 좋은 말들의 성찬도 있었습니다. 그런데 이런 좋은 말들이 정치인들 특히 높은 자리에 있는 정치 지도자들의 차지이고, 일반인들에게 현실로 느껴지지 않는다는 점이 근본적인 문제입니다. 쉬운 예를 들어보자면 '우리는 하나다'로 시작해서 같은 민족이라는 것을 누누이 강조하는 남과 북에서 서로 간에 뉴스나 소식을 공유하기는커녕 사람들 사이에 우편물 교환조차 불가합니다. 그보다 더 참혹한 일은 70여 년 전 헤어진 가족들이 만나는 것조차 정치적인 교섭의 대상입니다. 어쩌다가 그런 상봉이 이루어질 때에도 국가 기관의 엄격한 준비와 통제하에서 이루어집니다. 특히 북한은 온갖 정치적인 구실을 동원하면서 남한의 음악이나 영상물을 접하는 것을 중한 형벌로 다스립니다.

평창 올림픽이 이제 문물이 모두 선진화된 대한민국을 세계에 선보이는 훌륭한 행사였고, 여기에 온 북한 체육인이나 문화

예술단이 훌륭한 공연을 보여주었습니다. 하지만 한반도는 아직도 정치적으로 근대 국가라기보다 후진적 부족의 단계에 머물러 있는 것으로 보입니다. 정치 지도자들만이 온갖 자화자찬의 낙관과 함께 자기들이 이룩한 위대한 업적을 동네방네 자랑하고 다닙니다.

해외에서 수많은 국가수반, 대통령, 총리, 왕족, UN 사무총장 그리고 고위층 인사들, 저명인사들이 올림픽에 참석했습니다. 중국은 한정(韓正) 중국 공산당 중앙 정치국 상무위원이 참석했습니다. 그중에서 가장 관심을 끈 것은 역시 미국의 마이크 펜스 부통령과 일본의 아베 신조 총리의 참석이었습니다. 그런데 두 사람이 모두 올림픽 행사에 온 손님격에 그쳤고 아무런 정치적인 관심도 역할도 없었던 것 같습니다. 미국의 경우에는 한창 북한과 전쟁을 불사할 것 같은 긴장 관계였기에 올림픽 경기를 전후해서 남북 간 관계가 예상을 앞질러 빠르게 진전된 것에 대처할 준비가 되어 있지 않았던 것 같았습니다. 펜스 부통령은 워싱턴 출발 전에 이미 우리 정부에게 북한 측 인사들과 동선이 겹치지 않도록 해달라고 요청을 했다는 보도가 있었습니다. 이것은 사전에 충분한 준비 없이 북한 측과 조우하는 것을 경계한 것이 아닌가 생각합니다.

그만큼 남북한 사이의 물밑 접촉이 은밀하게 진행되었고, 이것이 동계 올림픽을 계기로 급격하게 표면으로 부상했으며, 우리 측에서 주의를 기울여야 할 나라들, 일본은 차치하더라도 미국과도 그사이에 진행된 일들이 충분히 공유되지 않았다는 점을 시사하지 않는가 생각합니다. 한 걸음 더 나아가면 이런 일들이 후일 북한 문제에 관하여 미국과 공조하는 데 부정적으로 작용하지 않았을까 하는 생각도 가능합니다.

북한은 미국 등 국제사회와 남한 정부의 입장을 고려해서인지 2월 8일 건군절 기념 열병식을 비교적 조용하게 치른 터였습니다. 내심 미국과 어떤 형식이라도 접촉을 생각했을 수 있습니다. 그런데 미국 측의 태도가 부정적인 것을 넘어 모욕적이기까지 한 것이어서 자신들도 반발하는 모습으로 나왔습니다. 북한 외무성 조영남 국장은 북한 조선중앙통신에서 미국과의 접촉 전망에 대하여 "명백히 말하건대 우리는 남조선 방문 기간 중 미국 측과 만날 의향이 없다"고 말을 끊었습니다. 트럼프 대통령에 의하면 그가 평창 올림픽에 펜스 부통령을 보낸 것은 아시아를 돌아보고 북한과의 이면 접촉을 해보려는 것이었는데, 펜스 부통령이 북한을 비난하는 강경한 발언을 해서 일이 틀어졌다고 합니다. 그 후 평창에서도 북한 측과 회동 이야기가 있었는데, 2

시간 전에 취소되고 말았습니다.[10] 아베 총리의 경우도 마찬가지였습니다. 어쩌면 한국 측이 마음을 써서 일본과 북한 사이를 조율하려는 노력이 있었다면, 아베 총리가 북한 고위층과 작은 대화라도 나눌 수 있는 기회를 만들 수 있었을지 모릅니다. 일본 측에서도 아쉬운 일이 아니었나 싶습니다. 중국의 경우 한정 상무위원은 정치적인 위상이 그리 낮은 편이 아닌데도 애당초 아무런 주목을 받지 못했습니다. 정치적으로는 물론 일반인들의 관심에서도 벗어나 버린 것 같았습니다. 조금 더 관심을 기울였더라면 트럼프 대통령의 딸이자 백악관 보좌관이기도 한 이방카와 김여정의 물밑 만남도 생각해볼 수 있지 않았겠는가 하는 아쉬움이 남습니다. 이방카는 문재인 대통령을 접견한 만찬 행사 이후에는 평창에서 미국 선수들의 응원에 주로 시간을 보냈습니다. 이방카는 평창 올림픽이 "너무 감동적"이라고 칭찬하고 동맹국인 한국과 함께 기쁘고 축하한다는 메시지를 전했지만, 그 외에는 그저 사교적인 활동으로 시간을 보냈습니다. 김정숙 여사와 강경화 외교부 장관 등 여성들과 만나서 스포츠 관람과 환담으로 체류 시간을 보냈습니다.

---

10 Bob Woodward, 『Rage』, Simon and Schuster, 2020년, 90쪽.

어쩌면 이런 아쉬움은 너무 지나친 욕심인지도 모릅니다. 우리 정부의 책임 있는 직책에 있는 분들에게는 여러 가지로 생각하고 준비해야 할 일들이 짧은 시간 내에 한꺼번에 들이닥쳤기 때문에 북한 측과 다른 나라 인사들의 만남까지 배려할 여유가 없었을 수 있습니다. 여하간 남북 간의 접촉과 교류는 그간의 어려움을 보상이라도 하듯 급물살을 타고 진척되었습니다.

2

운전자 혹은 중개인

운전자와 중개인은 다르다. 달라야 한다. 중개인의 역할이 당사자들 사이에서 이해관계의 중간 조정을 통하여 합의에 이르게 하는 상대적으로 소극적인 차원에 머무르는 것이라면, 운전자의 역할이란 자기 자신이 상정한 목적지가 있고 그것을 향하여 당사자들을 설득하고 이끌어가는 적극적인 차원의 것이다. 그만큼 스스로의 이해관계만큼이나 책임도 따르는 것이 아닌가 생각한다. 적어도 한반도에서 극적인 화해와 합의가 이루어진 이후 북미 간에 두 차례의 정상회담에 이르는 과정에서 한국 정부의 역할이란 스스로 자임하는 '운전자'의 차원이 아니었겠는가.[11]

중개인도 운전자도 모두 관계하는 거래에 자기 몫이 있습니다. 그러나 여기에도 중개인과 운전자는 차이가 납니다. 중

---

11 졸고, 「세계일보」 칼럼 '하노이의 운전자' 중에서.

개인이 거래의 성공에 따라 관련자들이 주는 것을 자기 몫으로 받는 반면, 운전자의 경우는 일의 성사 그 자체를 목표이자 보상으로 삼습니다.

평창 올림픽 이후 우리 정부는 북한과 미국 사이에서 선도적인 노력을 기울여 오랜 기간 지속된 한반도의 난제들을 해결하려고 했습니다. 이러한 노력에서 우리 정부는 단순히 미국과 북한 사이의 협의와 타결을 중재하는 중개인에 불과한 것이 아니었습니다. 무엇보다 해결해야 하는 문제가 누구보다 우리 자신에게 매우 중요한 숙제였고, 성공하는 경우 그것이 누구 못지않게 우리에게 큰 축복이었기 때문입니다. 그뿐만 아니라 평창 올림픽을 전후해서 우리 정부가 수행한 외교적인 역할은 단순히 중개인이라고 하기에는 매우 적극적이고 선도적이었습니다. 단지 운전자로서의 위상이나 역할에 유보적인 요인이 있다면, 우리 정부의 열성적이고 주도적인 노력으로 이루어지는 북미 정상회담에서 북한과 미국 모두 우리 측의 참여에는 반대라기보다 애초부터 별 관심도 두지 않고 무시해버리는 식의 입장이었다는 점입니다. 이 점은 앞으로 우리 외교의 큰 숙제로 남을 것입니다.

우리 정부는 평창 올림픽의 큰 성공과 이에 따른 외교적인 성과를 발판 삼아 북한의 핵무기 개발 문제를 포함하여 한반도의 불안 요인을 해결하면서, 동시에 남북한 간에 화해와 교류·협력 그리고 궁극적으로 통일의 길을 개척하는 장정에 나섰습니다. 그러기 위해서는 당면한 난제, 즉 북한 핵 문제에 해결의 길이 열려야 했습니다. 핵 문제에 있어서 국제사회가 납득할 만한 해결이 없이는 남북 관계의 진전도 불가능합니다. 그리고 첫걸음부터 괄목할 만한 진전을 이룩했습니다. 남북한을 막론하고 드디어 한반도에 화해와 평화를 넘어 번영과 통일의 길까지 보이는 것 같았습니다. 그 첫걸음이 대북 특사 파견이었습니다. 특사단은 서훈 국정원장과 정의용 안보실장이 공동 대표를 맡고, 천해성 통일부 차관 외에 5~6명의 적은 인원을 꾸려 1박 2일의 짧은 일정으로 평양을 방문했습니다. 그렇지만 짧은 방문에서 이룩한 성과는 엄청난 것이었습니다.

"만족스러운 합의였다." 북한 조선중앙통신은 3월 5~6일 사이 진행된 대북 특사단 파견 회담에 대하여 이렇게 평했습니다. 특사단의 귀환 후 바로 다음 날 북한은 이들의 방북 일정에 관하여 상세히 보도했습니다. 특사단 일행은 북한 노동당 본관 진달래관에서 김정은 부부와 김여정의 영접을 받았고, 이어진 만찬에서 4시간에 걸쳐 허심탄회하게 의견을 나누었는데, 합의된 내용은 모두 우리 측이 바라던 바와 같았습니다.

첫째는 4월 말에 제3차 남북 정상회담을 남측의 관할 구역인 판문점 내 '평화의 집'에서 개최하기로 합의한 것입니다. 뒤에 부연 설명하겠지만 처음 있는 매우 이례적인 일이었습니다. 둘째로 북한은 한미연합훈련을 예년처럼 진행하는 것에 대하여 양해하기로 했습니다. 북한이 이 훈련에 대하여 그동안 신경질적인 반응을 보였던 것에 비추어보면 이것 역시 새로운 진전이었습니다. 단지 싱가포르 회담에서 김정은 위원장은 특사단과의 합의에도 불구하고 이 문제를 제기하여 트럼프로부터 기대 이상의 양보를 받아냈습니다. 셋째로는 미국이 가장 듣고 싶어 하는 말로서, 북한은 비핵화 용의가 있다는 것이었습니다. 단지 비핵화의 전제 조건으로 북한에 대한 위협의 해소와 북한 체제의 안전을 보장해야 한다는 것을 내세웠습니다. 이 전제 조건을 구체적으로 어떻게 정의하며 이를 어떤 방식으로 보장하는가 하는 문제는 그대로 남는 것입니다만, 일단은 이것도 상당히 긍정적인 진전으로 볼 수 있습니다. 마지막으로 북한은 남북한 간 '핫라인'을 개통하고 추가 핵실험과 탄도 미사일 시험 발사 등 군사적인 도발 행위가 없을 것이라는 보장까지 했습니다. 그동안 긴장과 전운이 감돌던 상황을 생각해보면 이것은 엄청난 국면의 전환이자 동시에 북한 측이 기대 이상으로 유연한 반응을 보인 것입니다.

그러나 역시 문제는 남습니다. 가장 중요한 문제는 국제사회, 특히 미국이 납득할 만한 해결입니다. 즉 북한의 '비핵화'란 실제로 무엇을 의미하는가 하는 문제입니다. 첫 번째 문제는 '한반도의 비핵화'와 '북한의 비핵화'의 차이입니다. 청와대는 김정은 위원장이 회담 중 누차 비핵화 의지를 밝혔다는 점을 강조했지만, 조명균 통일부 장관은 국회에서 질의 답변 중 북한이 주장하는 '조선 반도의 비핵화'와 우리가 생각하는 '북한의 비핵화' 사이에는 차이가 있다고 인정할 수밖에 없었습니다. 조명균 장관은 이어서 우리가 추구하는 것은 북한이 이야기하는 식의 비핵화가 아니라 '북한의 비핵화'라고 확언했습니다. 그러나 북한 조선중앙통신은 "미국이 조선 반도 비핵화를 '북 비핵화'로 어물쩍 간판을 바꾸어놓음으로써 세인의 시각에 착각을 일으켰다"고 하면서 "(조선 반도 비핵화는) 우리의 핵 억제력을 없애는 것이기 전에 조선에 대한 미국의 핵 위험을 완전히 제거하는 것"이라고 했습니다. 뿐만 아니라 북한이 진정으로 핵을 포기할 의사가 있다고 가정할지라도 비핵화하는 방식과 과정 그리고 그 대가에 관하여 북한과 국제사회 사이에는 큰 차이가 있습니다. 핵 문제를 포함하여 한반도의 긴장 완화와 평화를 위하여 운전자의 역할을 하기 위해서는 궁극적인 목표인 종착점뿐만 아니라 어떤 과정을 거쳐서 목적지로 갈 수 있는가 하는 일정(Routing)의 개넘도 있어야 하지 않았는가 생각합니다. 그러나 정부가 거듭 강조하는 것은 김정은의 비핵화 의지뿐이었습니다. 9월 평양 정상회담 직후 문재인 대통령은 특사로 북한을 다녀온 정의용 실장의 좋은 소식을 되풀이했습니다. "김정은 위원장은 확고한 비핵화 의지를 거듭거듭 확약했다"는 좋은 내용만이 강조된 것입니다. 조명균 장관은 우리의 방식은 양측의 차이에도 불구하고 '일단 북한으로 하여금 협상장으로 나오게 하고 그다음 문제를 풀어나가는 방식'이라고 말했습니다. 이런 방식이라면 별로 새로울 것이 없는 것으로 보이지만, 정부는 큰 기대와 낙관을 갖고 미국을 설득하러 나섰습니다. 그리고 비장의 카드도 하나 있었습니다. 후일 정의용 실장의 카드였다고 알려진 북미 정상회담이었습니다. 이 카드는 의외의 큰 성과가 있었습니다.

특사단의 성공적인 방북에 이어 바로 4월 27일에 남북한 3차 정상회담이 판문점 남측 구역 내에 있는 '평화의 집'에서 열렸습니다. 2000년 김대중 대통령과 김정일 위원장, 2007년 노무현 대통령과 김정일 위원장의 회담에 이은 세 번째 정상 간 만남이었습니다. 문재인 정부는 정상회담을 '2018 남북 정상회담'으로 공식 명명했습니다. 이 회담도 백두 혈통의 김여정이 남한을 방문한 것과 마찬가지로 남북한 간 처음 있는 일이며, 상징적인 의미에 있어서는 김여정의 남한 방문에 비할 수 없이 큰 것이었습니다. 우선 앞에서 살펴본 바와 같이 이 회담은 북한 측이 먼저 제안한 것입니다. 북측이 공개적으로 정상회담을 제안한 것은 처음입니다. 그리고 우리가 회담 장소로 평양과 판문점 그리고 서울의 세 가지 안을 제시하자, 북한이 판문점을 골랐다는 소식도 놀랄 만한 일입니다. 우리는 쉽게 과거를 잊어버렸지만, 이것은 김대중 대통령이 임기 말 그리고 그 이후까지 몹시도 아쉬워하던 일이었습니다. 김대중 대통령은 자신의 임기 끝까지 김정일 위원장이 자기와 한 약속을 지켜 남한을 방문해주리라고 믿었습니다. 김정일 위원장의 입장에서 남한을 방문하는 것이 불가능하리라는 현실에는 눈을 돌렸습니다. 당시 김정일 위원장은 정상 간의 언약을 어기고 온갖 핑계를 대면서 끝내 남한에 오지 않았습니다. '자신은 국가의 수반이 아니라 군만 책임지고 있는 사람이다. 부시 정부 이후 사정이 바뀌었다. 남한 보수 세력의 반대가 부담스럽다' 등등 어쩌면 올 수 없는 사정이 있었을 것입니다. 김대중 대통령은 6·15 선언으로 남북한 간에 화해와 협력 그리고 교류의 합의가 이루어졌으므로, 김정일 위원장이 남한을 방문하지 못할 이유가 없다고 생각했습니다. 그러나 당시 북한의 현실과 김정일 정권 차원에서의 남북한 관계에 관한 인식은 우리들의 생각과는 매우 달랐습니다. 예를 들어 6·15 선언 이후 북한에서 나온 북한 주민을 대상으로 하는 문헌을 보면, 첫 남북 정상회담이 우리가 생각하는 것과는 매우 다른 것으로 묘사되어 있습니다. 말하자면 남한의 김대중 대통령이 불측한 생각을 갖고 평양에 와서 김정일 위원장을 설득하려다가, 김정일 위원장의 위엄과 영웅다움에 압도되어 완전히 굴복을 하고 돌아간 것으로 묘사하고 있습니다. 육체적으로도 영웅호걸 같은 김정일 위원장과 노쇠하고 불구이기까지 한 김대중 대통령을 대조적으로 설명하고 있습니다. 그런가 하면 동행한 남한 기자는 김정일 위원장을 만나고 남한에서 혁명 활동을 다시 하려는 의욕을 갖고 귀환합니다.[12]

김정일 위원장은 김대중 대통령이 정 그렇게 자기를 만나야 한다면 자신이 러시아를 방문할 때 이르쿠츠크에서 만날 수 있다는 말도 했습니다. 김대중 대통령은 이것은 약속 위반이라고 거절했습니다. 김대중 대통령은 그래도 김정일과의 개인적인 관계에 미련을 갖고 임기 말 임동원을 단장으로 하는 대규모 사절단을 보냈습니다. 그러나 김정일은 다른 일정을 핑계로 이들을 만나주지도 않았습니다. 대신 장성택이 연회를 베풀어 이들에게 모두가 만취하도록 술대접을 해서 보냈습니다. 술이 과해서 일부 인사의 추태도 있었다는 후문입니다. 이 보고를 받고 김대중

---

12 김남호, 『만남』, 평양출판사, 주체 90년(2001년).

대통령은 드물게 화를 냈습니다. "나는 크게 실망했다. 나를 대신해서 찾아간 특사를 만나주지도 않은 것에 화가 났다."[13]

김대중 대통령이 살아계셨더라면 이번 김정은 위원장의 방문에 남다른 감회가 있었을 것입니다. 아마도 이번 정상회담을 교섭한 우리 측 인사들은 회담 장소에 관한 과거의 일을 기억하고 있었고, 다른 한편으로 이제까지 두 차례의 정상회담이 항상 평양에서만 있었다는 점을 지적하면서 남한 여론을 고려해 이번 정상회담을 남쪽에서 개최해야 한다고 북한 측을 설득했을지 모릅니다. 어쩌면 우리 측은 서울을 희망했을 수 있습니다. 북한 측은 이를 받아들이지 않았고, 결국 판문점 남측 지역이 타협의 결과였을 수 있습니다. 상징적인 의미이지만 북한 측으로서는 가장 받아들이기 쉬운 남측 지역이 판문점이었을 것입니다. 물론 이어진 또 한 번의 정상회담은 평양에서 있어야 했습니다.

판문점 회담 직전 김정은 위원장은 예기치 않은 중국 방문으로 주변을 놀라게 했습니다. 김정은 위원장 집권 이후 북중 관계

---

13   졸저 라종일 외,『한국의 불행한 대통령들』, 파람북, 2020년, 44쪽.

는 계속 원활하지 못했습니다. 그것은 주로 북한의 핵 개발 정책에 대한 중국의 반대 때문이었습니다. 그런데 그 당시 방중은 북한의 갑작스러운 요청을 중국이 받아들이는 형식이었습니다. 김정은 위원장 자신이 베이징의 공식 연회 석상에서 이를 솔직하게 밝혔습니다.

"우리의 전격적인 방문 제의를 쾌히 수락해주시고 짧은 기간 동안 우리들의 방문이 성과적으로 진행될 수 있게 하기 위하여 기울인 시진핑 총서기 동지의 진정성과 극진한 배려"에 깊이 감동했다는 언급이었습니다. 김정은이 '전격적'이라는 표현을 쓴 것은 약 한 주일 전에 갑자기 방문하겠다는 뜻을 중국 측에 전했고, 중국이 이를 즉시 수용했기 때문입니다. 시기상으로 3월 19일에 방중 의사 표시를 하고 한 주일 내에 일사천리로 준비가 이루어졌을 것입니다. 양측의 관심과 이해관계가 바로 맞아떨어졌기 때문입니다.

김정은 위원장과 시진핑 주석의 회담에서 어떤 이야기가 오갔는지 깊은 내용의 발표는 없었습니다. 그러나 방문 전후 사정을 보면 당시의 상황을 추측할 수 있습니다. 김정은 위원장에게 평창 이후 사태의 전개는 그가 의도했던 것이었지만 진행이 너무 급속하게 이루어졌습니다. 게다가 남한이 적극적으로 북미 접촉까지 추진하자 자신도 단독으로 나서기에 불안할 수밖에 없었을 것입니다. 이것은 한반도 문제의 어느 불가피한 일면을 시사하는 사건이라고 볼 수도 있습니다. 아무리 '자주'와 '주체'를 신조로 하고 자랑으로 삼는 북한 정권이라 해도 주변 강대국을 경시할 수 없다는 점입니다. 이것은 오랜 역사를 통해서, 그리고 지금까지도 한반도의 유효한 요인으로 존재합니다.

추측으로 김정은 위원장은 시진핑 주석으로부터 상당히 고무적인 보장을 받았을 것입니다. 아마도 북핵 문제의 해결로는 북한이 주장하는 단계적인 말 대 말, 행동 대 행동 식의 접근과, 중국의 '쌍중단'이 조정되는 식으로 대체적인 합의가 가능하지 않았을까 생각합니다. 북한으로서는 이미 핵과 미사일 개발을 동결하였으므로 UN 제재 결의, 특히 2375호와 2397호의 이행을 잠정 동결하는 것만으로도 성과로 받아들일 수 있었을 것입니다. 김정은의 급작스러운 방중에는 또 다른 면도 엿보입니다. 국제사회에서 고립되는 것 같은 두려움, 혹은 남한과 비교해서 자신의 국제적인 위상과 역할에 관한 생각이었을 것입니다.

남한은 특사 방북 이후 미국은 물론 주변의 나라들, 특히 중국과 일본에도 특사를 파견하여 그간의 정황을 전하고 조언과 협력을 구하는 모습을 보여 대체로 좋은 반응을 얻었습니다. 북한에서 보기에 남한이 한반도 운명을 주관하는 명실상부한 운전자의 모습을 과시하는 것으로 보였을 것입니다. 김정은 위원장이 가만히 있을 수 없었을 것입니다. 이것도 물론 남북한 관계를 지배해온 중요한 특징 중 하나입니다. 어느 한 편에서 일어나는 일에 대하여 다른 편은 그것에 상응하는 반응을 해야 합니다. 그 후 특히 미국과의 관계에 깊이 들어가면서 김정은 위원장은 계속해서 중국과 밀접한 접촉을 이어갑니다. 트럼프 대통령은 싱가포르 정상회담 이후 북핵 문제가 자신이 예상했던 것처럼 순조롭게 진행되지 않자 중국의 영향을 의심했습니다. 그는 측근들에게 북한에 대한 중국의 영향에 관해 문의했는데 폼페이오는 이 점을 별로 대수롭지 않게 답했지만 트럼프 자신은 핵 문제에 관하여 북한의 '고집스러운' 태도의 배후에는 중국의 영향이 있다고 믿는 것 같았습니다.[14]

판문점 정상회담은 그 형식에 있어서도 특이한 점이 있었습니다. 수행원이 없는 두 차례의 단독 회담이 있었습니다. 첫 번째는 두 정상이 군사분계선 표식물이 있는 도보 다리까지 산보를 하는 사이 3분 정도 이어진 짧은 대화였습니다. 두 번째는 이어서 미리 준비된 물잔들이 차려진 벤치에서 역시 두 정상이 대

---

14 존 볼턴, 『그 일이 일어난 방』, 시사저널, 2020년, 177~178쪽.

화를 나누었습니다. 이 대화는 30분 정도로 상당한 시간 이어졌습니다. 우선 회의의 모습은 어쩌면 전문적인 회의 전문가의 자문을 받지 않았나 하는 생각을 들게 합니다. 쉽게 풀리지 않는 회의에서 합의를 이루는 요령에 관하여 전문가들은 이런 충고를 합니다. '회의가 잘 진척이 안 되는 경우 회의장을 떠나 다른 환경에서 대화를 나누어보라. 그리고 서로 마주 보는 회의를 떠나서 산보라도 하면서 어깨를 나란히 하고 양측이 한 방향을 바라보는 자세에서 대화를 이끌어보라.'[15]

그러나 두 정상의 회담에서 상당한 시간 회의장 밖에서 만난 단독 회담은 합의를 이루기 어려운 문제를 해결하기 위한 것이라기보다 국내외에 보안을 위한 것이 아니었나 하는 생각이 듭니다. 형식이 어떻든 간에 두 정상의 단독 대화 33분여의 내용은 국내외 기자들은 물론 주변 강대국들의 정보부 당사자들이 초미의 관심으로 챙겨보려던 대상이 아니었을까 생각합니다. 어쩌면 이미 대략의 내용은 정상급들 사이에 이미 공유되어 있지 않은가 하는 생각도 합니다. 어떤 연유인지 미국 정부는 이 회담에 관해 사전 통보를 받지 못한 것 같습니다. 존 볼턴 미국 국가

---

15   Roger Fisher 외, 『Getting to Yes』, Penguin Publishing Group, 2011년, 41쪽.
     하노이 회담에서도 김정은, 트럼프 두 정상이 어깨를 나란히 하고 산책하는 장면이 있었습니다.

안보 보좌관은 미국 측이 이 회담에 관하여 두 시간 후에서야 알게 되었고 모두가 "깜짝 놀랐다"고 회상합니다. 여러 가지로 잘 이해가 가지 않는 이야기입니다.

남북 간에 이런 괄목할 만한 진전이 이루어진 배경에는 역시 20년 전과는 다른 현실이 있습니다. 햇볕정책 초기에는 불가능했던 일입니다. 북한은 이제 자신의 힘에, 특히 무력과 정치력에 있어서 자신을 되찾았습니다. 남한의 현실도 예전과는 매우 다릅니다. 국내 정치에서도, 그리고 대외적인 한일 관계나 한미 관계 역시 달라졌습니다. 북한 정권은 남한 정부의 제안에 해볼 만한 일들이라고 생각했을 것입니다. 청와대는 판문점 정상회담을 '2018 정상회담'이라고 명명합니다. 역사적인 업적을 생각하는 사람들에게는 명칭도 중요합니다. 노무현 대통령의 임기 말 김정일 위원장과의 정상회담도 이를 '2차 정상회담'이라고 명명하는가, 아니면 새롭게 명명하는가 하는 문제에 관하여 여러 말들이 있었던 것으로 기억합니다.

바로 이어서 평양에서 또 한 차례의 정상회담이 열립니다. 이번 회의에는 더욱 극적인 장면들이 있었습니다. 문재인 대통령이 북한의 자랑인 대규모 매스 게임을 참관하고 북한 청중들에게 직접 연설하는 기회도 있었습니다. 두 정상은 부부 동반으로 함께 백두산에 올라 한라산 물과 백두산 천지의 물을 섞는 행사도 했습니다. 백두산의 물을 한라산에 뿌리겠다는 말도 있었습니다. 남북 예술인들의 대규모 합동 공연도 감동에 찬 행사였습니다. 그런데 정상회담을 포함해서 남북한의 이런 행사들에는 자연스러운 문화인들의 행사라기보다 인공적으로, 혹은 정치적인 의도로 권력을 가진 정치인들에 의해 이루어진 보여주기식 행사라는 인상이 어쩔 수 없이 듭니다. 이 공연의 남한 측 부분은 청와대의 정치 행사 전문가가 기획했다는 뒷이야기도 있습니다.

그뿐만 아닙니다. 이 공연에 선보인 남한의 음악 등이 북한 일반인들에게는 엄격히 금지된 것이고, 따라하는 것은 물론 듣거나 보는 것도 엄격하게 금지되어 있으며, 위반 시에는 중형으로 다스린다는 역설을 어떻게 이해해야 하는지 곤란한 문제로 남습니다.

여하간 크나큰 감동 뒤에 남는 문제는 이런 괄목할 만한 행사들이 어떻게 양측이, 그중 특히 북한이 바라는 현실적인 문제의 해결로 이어지는가 하는 것이었습니다. 그리고 그 해결의 실마리는 역시 바다 건너 워싱턴에서 찾아야 하는 것이었습니다. 그런데 이 문제도 의외로 쉽게 풀리는 것 같았습니다. 일을 맡아 추진하는 사람들에게는 모든 면에서 파란불이 켜져 있었습니다. 워싱턴을 방문해 북미 정상회담이라는 엄청난 기획을 추동해야 하는 우리 측 인사들의 과업에는 뜻밖의 행운이 따르는 듯했습니다. 특사로 평양을 방문한 정의용 실장과 서훈 원장의 방미 목적은 김정은 위원장의 비핵화 의사를 미국에 전하고, 아울러 북미 정상회담 구상을 제안하는 것이었습니다. 물론 두 가지 문제가 모두 엄청나게 복잡한 계산과 논의를 필요로 하는 것이어서 낙관하기 어려웠습니다.

그러나 일은 의외로 쉽게 풀려나갔습니다. 백악관 방문 첫날 일행은 트럼프의 안보 보좌관인 맥마스터와 회담을 하고 있었고, 트럼프 대통령과의 만남은 다음 날로 예정되어 있었습니다. 그러나 한국의 특사가 백악관에서 회담 중이라는 것을 안 트럼프 대통령은 다음 날까지 기다리지 않고 이들을 바로 자기 집무실로 불렀습니다. 이것부터가 의전 관례상 특이한 일입니다. 그러나 그다음 일어난 일은 더욱 놀랄 만한 일이었습니다. 정의용 실장은 김정은 위원장이 비핵화 약속을 했고, 앞으로 핵과 미사일 실험을 안 할 것이며, 정기적인 한미연합훈련은 계속해도 좋다는 말을 전하면서, 끝으로 김정은 위원장이 트럼프 대통령을 만나고 싶어 한다는 뜻을 전했습니다.

맥마스터 보좌관이 김정은은 자기 삼촌이라도 죽일 수 있는 인물이라서 그의 말을 그대로 믿을 수 없다는 식의 간언을 했지만, 트럼프 대통령은 한마디로 그를 제치고 바로 김정은 위원장과 만나겠다는 의사를 밝혔습니다. 그리고 단숨에 정의용 실장에게 당장 이 결정을 기자들에게 발표하라고 주문했습니다. 불행한 맥마스터에게는 정의용의 기자 회견문을 도와주라는 지시도 떨어졌습니다.[16] 아마도 가장 놀란 것은 정의용 실장이었을 것입니다. 왜냐하면 트럼프의 즉석 결정뿐만 아니라 이런 중대 발표를 외국 사절에게 시키는 것은 전혀 전례가 없는, 생각하기 힘든 일이었기 때문입니다. 맥마스터 보좌관을 비롯해 다른 백악관 직원과 함께 발표 문안을 작성한 정의용 실장과 서훈 원장은 기자들 앞에 섰습니다. 이 장소에 맥마스터는 함께하지 않았습니다. 본인이 알고 있었는지 모르겠지만 이때 이미 그는 해직이 결정되어 있었고, 그의 후임으로 볼턴이 새 보좌관으로 내정되어 있었습니다. 맥마스터는 여러 가지 상황을 고려해 이 회견에 자신도 함께하기를 꺼린 것이 아니었나 생각합니다. 자신의 소신에 어긋나는 일이었을 뿐만 아니라 트럼프 대통령의 돌발적이고 변칙적인 결정에 자신도 책임 일부를 질 수 없다는 생각이 아니었나 싶습니다. 결과적으로 미국 대통령의 전례 없는 중

---

16 Bob Woodward, 『Rage』, Simon and Schuster, 2020년, 90~91쪽.

요한 결정에 관한 발표를 한국 관료들이 단독으로 하는 기이한 사태가 되었습니다.

2018년 3월 8일 저녁 워싱턴 DC의 백악관 잔디밭에서 어둑해질 무렵까지 긴급 브리핑을 취재하기 위해 대기하던 출입 기자들 앞에 정의용 청와대 국가안보실장이 서훈 국가정보원장과 함께 나섰습니다. 정의용 실장은 "저는 트럼프 대통령에게 북한의 지도자인 김정은 위원장이 얼마 전 방북했던 우리 일행에게 비핵화에 대한 의지를 갖고 있음을 언급했던 사실을 전했습니다"라며 입을 열었습니다. 이어서 문재인 대통령의 대북 특사로 김정은 위원장과 만난 결과를 트럼프 대통령에게도 전했다고 설명했습니다. 정의용 실장은 트럼프 대통령이 항구적인 비핵화 실현을 위해 김정은 위원장과 5월에 만날 것이라는 사실도 덧붙였습니다. 첫 북미 정상회담의 일정이 베일을 벗는 순간이었습니다.

미국 정부가 백악관 출입 기자를 상대로 한국 정부 관료가 직접 브리핑이나 기자회견을 할 수 있게 자리를 마련해준 사실 자체가 무척 이례적인 일입니다. 이런 맥락에서 트럼프 대통령과 백악관 보좌진, 미 행정부 관료들이 북핵이나 북미 정상회담 개최 같은 대형 뉴스거리를 브리핑하는 일을 정의용 실장에게 맡긴 배경이 주목받았습니다. 트럼프 대통령의 성격상 카메라 스포트라이트를 한 몸에 받을 기회를 다른 사람에게 넘기기 쉽지 않았기 때문입니다. 브리핑 당시 백악관과 트럼프 행정부 고위 당국자들의 행보도 주목을 받았습니다. 브리핑에 한창인 정의용 실장과 서훈 원장의 뒤편으로 마이크 펜스 부통령과 제임스 매티스 국방부 장관, 존 켈리 비서실장 등 트럼프 대통령과의 면담에 배석했던 관계자들이 빠져나가는 장면이 카메라에 잡혔습니다. 이 때문에 평양을 다녀온 정의용 실장이 전한 김정은 위원장의 '비핵화 용의' 등 메시지에 대해 미국 측이 액면 그대로 신뢰하기 힘들다는 입장을 보인 것 아니냐는 해석이 나왔습니다. 백악관과 미 행정부는 일찌감치 북한의 비핵화 이행 의지에 대해 의구심을 가진 것은 물론이고, 김정은의 비핵화 메시지를 전한 문재인 정부의 설명도 전적으로 신뢰하며 받아들인 것은 아니었다는 이야기입니다. 단지 트럼프 대통령이 김정은을 만나보겠다는 사실만은 확실했습니다. 정의용 실장은 조심스럽게 한미 간에 합의로 준비된 내용을 발표했습니다.

"트럼프 대통령과 함께 우리는 평화적 해결의 가능성을 시험할 외교적 과정을 진행하는 것에 낙관적입니다."

잘 알려진 사실이 아니지만, 북한과 트럼프 대통령은 일찍부터 이상한 인연이 있는 사이였습니다. 2016년 미국 대선 당시 북한은 트럼프를 지지했습니다. 그해 6월 북한 선전 인터넷 사이트에는 "미국 국민이 선택해야 할 후보는 우둔한 힐러리가 아닌 현명한 트럼프"라는 글이 올라왔습니다. 트럼프가 막말이나 하는 괴짜 후보가 아닌 "현명한 정치인이고 선견지명이 있는 대통령감"이라고 칭찬까지 했습니다. 북한의 지지가 트럼프의 득표에 얼마나 기여했는지는 모르겠지만, 그의 행적으로 미루어본다면 이것은 의외의 일입니다. 트럼프는 김정은을 "미치광이 같다"고 하면서 "빨리 사라지게 만들겠다" 등의 악담을 했을 뿐만 아니라 북한에 대해서 무력 사용을 주장했습니다.

트럼프가 2000년 개혁당 후보로 출마했던 당시에 펴낸 책, 『우리에게 걸맞는 미국(The America We Deserve)』에서 그는 북한 원자로를 폭격해야 한다는 주장을 했습니다. 또한 "핵전쟁을 원치 않지만 협상이 실패한다면 북한이 (실질적) 위협을 주기 전에 무법자들을 겨냥한 정밀 타격을 하는 것을 지지한다"는 말도 했습니다. 미국에 위험한 존재라면 선제 대북 타격도 할 수 있다는 주장이었습니다. 이런 사실에서 보면 북한의 트럼프 지지가 이상한 일이었지만, 북한으로서는 나름 트럼프를 지지할 만한 사정이 있었습니다. 북한은 트럼프라면 조부인 김일성 당시부터 숙원인 주한 미군 철수를 단행할 수 있을 것이라는 희망을 가지고 있었습니다. 트럼프는 유세 기간 중 주한 미군의 주

둔 비용을 한국이 전액 부담해야 한다는 입장을 견지했습니다. 2016년 5월 CNN과의 회견에서 왜 한국이 주한 미군 비용을 100퍼센트 부담하지 않느냐는 말을 한 일도 있었습니다. 주한 미군의 주둔 비용이 미국의 뜻대로 조율되지 않으면 병력 감축이나 철군까지도 검토해야 한다는 주장으로 해석할 수 있는 발언도 있었습니다. 같은 해 3월 「뉴욕타임스」와의 인터뷰에서도 감군이나 철군까지 하는 것이 "즐겁지는 않지만 그럴 생각도 있다"고 언급했습니다. 북한에게는 꿈같이 반가운 말이었을 것입니다. 트럼프가 북핵 문제 등에 강경한 입장을 밝히면서도 김정은과의 만남에 대해서는 상당히 유연한 입장이었다는 점도 북한에게는 주목할 만한 점이었습니다. 그해 6월 조지아주 애틀란타 유세 당시 트럼프는 "김정은이 미국에 온다면 만날 것"이라며 북미 정상회담 가능성을 열어놓았습니다. "회의 탁자에 앉아 햄버거를 먹으며 더 나은 핵 협상을 할 것"이란 말은 화제가 되기도 했습니다. 선거 유세 중 언급이었지만 북한으로서는 솔깃했을 수 있습니다. 이런 일이 현실에서 이루어지리라고 예상한 사람은 별로 없었습니다. 후일 세 차례에 걸친 북미 정상회담에서 김정은 위원장이 미국 대선 당시 자기들이 트럼프를 지지했다는 발언을 할 수도 있었을 텐데, 그런 말이 나왔다는 기록은 없습니다.

정의용 실장은 후에 북미 정상회담은 애초에 자신의 아이디어로, 본인이 김정은 위원장에게 트럼프 대통령을 초청해보라고 했다고 볼턴에게 말했습니다. 싱가포르에서 열린 첫 북미 정상회담은 그 후에도 우여곡절이 많았습니다. 한때 미국 측, 특히 트럼프 대통령 측근의 보좌관들 사이에서 이 회담은 취소가 되는 것으로 합의가 되었고, 트럼프 대통령 자신도 그렇게 하겠다고 동의한 것으로 알려졌습니다. 그렇지만 트럼프 대통령은 개인적으로 이 회담에 대한 미련이 많았고, 결국 그의 집념으로 성사가 된 것으로 보입니다.

불충분한 대로 그사이 알려진 몇 가지 자료를 근거로 살펴보면 역시 이 회담에 가장 열성적인 것은 트럼프 대통령 본인이었고, 그 측근들 사이에서는 회담의 의미에 관하여 회의적인 의견과 우려가 지배적이었던 것 같습니다. 주로 미디어나 측근에 있던 사람들의 진술로 알려진 사실들을 살펴보면, 트럼프 대통령은 북미 간 혹은 남북미 간의 오랫동안 쌓여 있는 난제들을 현실적으로 해결하기보다는 자신의 정치적인 위상이나 미디어에서 각광을 받는 것에 더 관심이 컸던 것 같습니다. 당연히 실무 위주의 사고와 행동에 익숙한 측근들과는 괴리가 있을 수밖에 없었습니다. 측근들의 고민은 어떻게 대통령의 개인적인 선호가 현실적인 상황에서 크게 벗어나지 않도록 하는 데에 있지 않았나 싶습니다. 그래서 회담을 위한 실행 계획을 준비하는 과정에서 폼페이오는 '중요한 제안을 하나' 했습니다. 즉 트럼프와 김정은이 함께 있을 때에는 언제나 그 자신과 켈리 그리고 볼턴이 '옆을 지키자'는 것이었습니다.[17] 이것은 트럼프 대통령과 그의 측근 전문가들 사이에 간격 내지는 불신이 존재했다는 것을 시사한다고 생각합니다. 그리고 이런 관점은 여러 장면에서 발견할 수 있습니다. 결국 이런 문제들이 하노이의 파국을 보여주는 한 측면입니다.

한편 김정은 위원장은 중국 방문에서 기대했던 성과를 거두고 귀국한 후, 이어서 있을 남북 정상회담과 그다음 북미 정상회담 준비에 몰두했을 것입니다. 북한의 정책적인 목표는 남북 간 평화 무드를 자신에게 우호적인 여건으로 활용하는 한편, 정작 중요한 북미 회담에서 비핵화 문제를 UN의 제재 해결에 유리하게 활용하는 것에 초점이 맞추어져 있었을 것입니다. 특히 이 문제에 관해 북한은 상당한 전문적인 인력과 경험이 축적되어 있습니다. 지난 세기 말 이른바 첫 번째 북핵 위기로 알려진 1994년 '제네바 핵 협상'을 북한의 입장에서 성공적으로 이끌어낸 주

---

17 존 볼턴, 『그 일이 일어난 방』, 시사저널, 2020, 134쪽.

역은 외무성의 '핵 상무조'였습니다. 그때의 주역들은 김정은 시대에 들어와서 모두 외무성의 최고위급 간부로 승진했습니다. 리용호, 김계관, 최선희, 리근, 리명국, 현학봉, 정성일 등이 그들입니다. 1994년 제네바 협상은 북한 측으로서는 큰 성과이자 승리로 평가되었고, 당시 김정일이 외무성의 대미 협상 그룹을 크게 칭찬했습니다. 이번에도 이들이 협상 준비의 주역을 맡아 한바탕 내부 토론을 거쳤을 것입니다. 그것은 김영철 부장이 주도하는 노동당 통일전선 사업부 조미 회담팀과 외무성 사이의 격론 과정이었을 것입니다. 그 후 김정은 위원장의 최종 결정이 있어야 합니다. 싱가포르 회담 중에 김정은 위원장이 북한에도 강경파가 있으며, 이런 요인이 자신의 행동에도 제약이 된다는 말을 했습니다. 이 발언은 남한에서 한미연합훈련을 하는 경우 자신이 강경파들의 호전적인 반응 때문에 곤경에 처한다는 의미였습니다. 볼턴은 이런 언명에 대해, 이것이 과거 스탈린이 루즈벨트에게 양보를 받아내기 위해 소비에트 정치국에도 강경파가 있다는 식의 언급을 한 수법을 답습한 것이라는 냉소적인 평을 했습니다. 그러나 외부의 자유민주주의 나라에서 회자되는 매파나 비둘기파 같은 차원의 이야기는 아닐지라도, 북한 역시 어떤 특정한 문제에 관하여 강경한 의견을 내는 측과 온건한 의견을 내는 측이 있는 것으로 알려져 있습니다. 단지 외부 세계처럼 이 차이가 이념적이거나 원칙적인 차원이 아니라, 목적은 같을지라도 그것을 달성할 수단과 방법에 대한 차이이거나, 아니면 상대방에 대한 인식의 차이에 기인하는 것입니다. 어쩌면 강경파, 온건파라기보다 부서별로 일정한 사안에 대하여 다른 의견을 제시하는 것으로 보입니다. 미국과의 정상회담을 앞두고 당연히 외무성 측과 통전부는 각기 다른 보고서를 작성하여 김정은에게 올렸고, 이에 따른 내부 토론도 때로는 격론이 있었으리라 상정할 수 있습니다. 그러나 싱가포르 정상회담에 관해서는 큰 이견이 없었던 것으로 알려졌습니다. 어쨌든 정상회담 자체가 북한으로서는 큰 수확이었기 때문입니다.

북미 간의 근본적인 문제는 간단히 한마디로 정리할 수 있습니다. 미국은 북한이 첫 단계부터 핵무기와 모든 핵물질 그리고 핵무기 생산에 관련된 핵시설까지 신고하는 것으로 시작하여, 국제 원자력 기구의 강제 사찰과 봉인 등에 기초하여 핵무기 제조에 관한 전 단계의 과정에 걸쳐 완벽하며 복구 불가능한 비핵화를 원합니다. 이것은 약간의 차이가 있을지라도 비핵화를 이행한 몇몇 나라들에 이미 적용된 것입니다. 또한 비핵화의 첫 단계로 핵무기의 해외 반출을 요구할 수 있습니다.

북한은 이런 해결책을 받아들일 수도 없고 그럴 의사도 없습니다. 대신 어떤 방식으로라도 비핵화 과정을 단계적으로 거치면서, 이른바 '행동 대 행동'의 원칙에 따라 제재 조치를 해제하고, 이를 통해 경제 발전을 추구하면서 시간을 벌려고 합니다. 그리고 일정한 기간이 지난 다음 핵무기 폐기의 결정적인 단계에 이르러서는 합의를 중단하거나 번복하는 것으로 핵 보유와 함께 경제적인 실리를 기하는 것이 기본적인 입장일 것입니다. 그러나 구체적인 대미 협상의 대처에 관해서는 북한 외무성과 통전부 사이에 차이가 있을 수 있습니다. 다만 싱가포르 북미 정상회담의 경우에는 북한 내부에서 큰 이견이 없었던 것으로 알려졌습니다. 그 이유는 단순합니다. 앞서 언급한 것처럼 이 회담 자체가 북한으로서는 큰 성과입니다. 그 외에 정상회담을 통해서 이제까지 북미 관계에서 제대로 해결하지 못한 안건들에 대한 탐색을 할 수도 있습니다. 이 모든 점에서 싱가포르 회담은 북한에게 큰 선물인 셈이었습니다. 북미 정상회담 전에 트럼프 대통령은 싱가포르 총리 관저에서 리셴룽 총리를 만났는데, 그 직전 북한을 다녀온 외무상이 지적한 바이기도 합니다.

싱가포르에서 열린 정상회담은 예상했던 대로 진전이 되지 않았고, 수행원들은 트럼프 대통령이 정상회담장에서 회담을 깨고 나가는 것으로 김정은의 '허를 찌르는' 행동을 하지 않을까 예상했다고 합니다. 그런 행동이 트럼프 대통령의 기질에 맞는 일이라고 합니다. 여자를 사귀다가 잘 안 되는 경우 여자에게 거절당하지 않고 자기가 먼저 거절하는 것을 선호한다는 말을 측근에게 한 적도 있다고 합니다. 싱가포르에서 이런 일은 일어나지 않았지만, 다음 해 열린 하노이 회담에서 결국 일어났습니다. 북한이 흔히 미국을 표현할 때 쓰는 '철천지원수' 국가의 최고 권력자와 회담하기 위해 엄청난 준비를 한 북한도 트럼프 대통령의 이런 면은 잘 살피지 못했던 것 같습니다.

여하간 실무 회담에서 합의문 도출에 실패한 이후에도 트럼프 대통령은 정상회담을 깨고 나오는 대신 이번 첫 회담이 "그저 언론의 주목을 끌기 위한 행사" 정도로 생각한다고 말했습니다. 그래서 첫 정상회담은 별 의미가 없는 의례적인 대화를 나누는 정도였고, "짧은" 성명서를 발표하는 정도에서 끝을 맺었습니다.

그러나 싱가포르 회담은 북한 측에게는 예상 밖의 큰 성과를 거두었습니다. 거의 '대박' 수준이었습니다. 우선 싱가포르 외무상이 언급한 바와 같이 미국 대통령과의 정상회담 자체가 김정은 위원장에게는 큰 성과였습니다. 김정은 위원장은 이 회담을 통해 자신이 결코 얻을 수 없었던 국제적인 위상을 획득하고, 거의 정상적인 국가의 정상적인 수반으로서의 자리를 굳힌 셈입니다. 그 후 북한에서 나온 김정은을 찬양하는 책자에서도 김정은 위원장이 세계 중요한 나라 수반들과 일대일로 만나 중요한 문제들을 협의한 인물이라는 자랑이 있습니다. 그 중요한 나라의 수반들 중 가장 큰 비중을 차지하는 것이 바로 미국 대통령 트럼프였습니다.[18]

그 외에 또 다른 큰 성과도 있었습니다. 처음 북미 정상회담을 추진하면서, 백악관을 방문한 정의용 실장은 김정은 위원장이 분명하게 네 가지 약속을 했다고 전했습니다. 첫째, 확실하게 비핵화를 할 것이다. 둘째, 더 이상 핵 그리고 미사일 시험을 하지 않을 것이다. 셋째, 정기적인 한미연합훈련은 계속해도 좋다. 그리고 끝으로 김정은은 트럼프와의 회동을 매우 바란다.

이것은 후에 정상회담에 관한 협의를 하러 북한에 간 폼페이오에게 김영철 통전부장이 다시 확인해준 바 있습니다.[19] 그런데 싱가포르 회의장에서 김정은 위원장은 돌연 한미연합훈련 문제를 꺼냈습니다. 아마도 그사이 누군가가 트럼프 대통령의 개인적인 성향에 관하여 김정은에게 귀띔을 해준 것이 아닐까 의심이 갑니다. 즉 트럼프가 이 군사 훈련을 불필요하고 비용만 많이 들 뿐만 아니라 상대방 북한에게 도발적이라는 생각하고 있기

---

18 『위인과 강국 시대』, 평양 출판사, 주체 109년(2020년). 이 책에는 남조선과의 정상회담에 관한 언급도 있지만 문제인 대통령의 이름은 언급하지 않았습니다.
19 Bob Woodward, 『Rage』, Simon and Schuster, 2020년, 91, 99쪽.

에, 이 문제를 제기하면 성과가 있을 것이라는 조언입니다. 김정은 위원장은 자신이 국내에서 한미연합훈련이 있을 때마다 강경파들에게 시달려야 한다는 식의 이야기를 꺼냈고, 트럼프 대통령은 기다렸다는 듯이 이에 동의하며 자신도 같은 의견이라는 것을 누누이 설명했습니다. 김정은 위원장과 북한 측 대표단은 속으로 쾌재를 불렀을 것입니다.

김정은 위원장은 당시 이렇게 말했다고 합니다. "오늘은 마치 환상의 나라에서 보내는 하루 같군요."[20] 평양으로 돌아가는 길에 김정은 일행은 자축 파티를 했을지도 모릅니다. 정작 중요한 비핵화 관련 문제는 진전이 없었습니다. 그러나 이것은 충분히 예상했던 일이었습니다. 그 대신 북한에게는 큰 성과가 있었습니다. 가장 큰 성과는 초강대국의 강력한 힘에 의외의 허점을 본 것입니다. 그 강력한 힘의 최상, 최중심부가 의외로 허술하다는 사실이 드러난 것입니다. 한미연합훈련 중단 소식은 국방부 장관 마티스와 군 관계자들에게는 큰 충격이었습니다. 연습을 안 하는 군대란 실전에 쓸모가 없게 되기 때문입니다. 마티스는 한미연합훈련을 연대 규모로 축소해서라도 계속하도록 지시합니다. 이 일도 트럼프 대통령과 마티스 장관의 이미 나쁜 관계를

---

20 존 볼턴, 『그 일이 일어난 방』, 시사저널, 2020, 169쪽.

더욱 악화시킨 게 아닌가 생각합니다. 반면에 북한 측에게는 북미 정상회담에 관하여 낙관적인 희망을 가지게 한 것이 아닌가 싶습니다. 그뿐만 아니라 큰 권력의 중심부가 예상 외로 허술할 수 있다는 것은 미국뿐만 아니라 다른 모든 경우에도 해당된다는 생각을 했을지도 모를 일입니다.

트럼프 대통령의 대북 정책 혹은 접촉에 관해서는 대개 비판적인 시각이 우세합니다. 가장 중요한 것은 그가 전문가와 실무자를 무시하고 자신의 대중적인 이미지 관리에 관심을 기울였으며, 또한 상대방과의 인간적인 접촉을 중요시하는 것 등이 부정적인 평가의 근거입니다. 그러나 다른 면에서 생각해보면 역대 미국 대통령들은 다루기 어렵고 동시에 싫기도 한 북한 문제에 직접 관심을 기울이기보다 피하려는 경향을 보였습니다. 오바마 대통령의 '전략적 인내' 같은 것이 그 예입니다. 유일하게 클린턴 대통령이 북한과의 접촉에 적극적이었고, 임기 말에 직접 북한을 방문하려는 생각도 했습니다. 결국 실패로 끝났고 부정적인 면도 경시할 수 없지만, 트럼프 대통령이 김정은과 개인적인 관계를 개척하고 이를 중히 여긴 것은 긍정적인 면으로 해석할 수 있습니다. 앞으로 유망한 정책 대안의 가능성도 생각해볼 수 있습니다.

북미 정상회담의 부정적인 면 중 하나는 남한은 소외된 채 북미 관계가 진전되었던 것입니다. 실은 북미 정상회담이 이루어질 때마다 우리 측은 매우 간절하게 문재인 대통령도 참여하는 3자 회담을 원했습니다. 그러나 번번이 북한과 미국 양측 모두에게 무시당했습니다. 열심히 북미 간의 관계를 연결해주고, 정의용 실장이 밝힌 대로 양자 정상회담까지 나서서 마련해주고는, 막상 그것이 이루어지는 현장에서는 완전히 소외되는 것은 바람직하지 않은 일입니다. 실제로 3차에 걸친 북미 정상회담에 우리 측도 참여할 수 있었더라면 결과가 조금 달라졌을지도 모릅니다. 그렇지만 조금만 현실적인 안목이 있다면 주어진 상황에서 3자 회담이 불가능하다는 사실을 알 수 있을 것입니다. 김정은 위원장도 트럼프 대통령도 이것을 바라지 않았을 뿐만 아니라, 우리는 이런 바람을 실현할 힘도 지위도 없이 회담의 성사에만 매달렸기 때문입니다. 즉 북한의 핵 문제가 마치 한국과는 상관없이 미국과 북한 사이의 문제라는 상황을 전제로 한 채 중개인 혹은 운전자로 나선 것이 그 원인 중 하나라고 생각합니다.

후일 정의용 실장은 국회 청문회에서 하노이 회담의 실패에는 북미 양측에 모두 잘못이 있다는 발언을 했습니다. "북한은 상황을 정확하게 판단하지 못한 것 같고 협상력도 미숙했던 것 같다. 또 미국은 사실 당시 볼턴이 대변하는 네오콘들의 '모 아니면 도', '올 오어 낫씽(All or Nothing)'의 경직된 시각이 문제였던 것 같고……."[21]

이것은 그때까지 매사를 조정해오던 '운전자'로서는 조금 의아한 말입니다. 그리고 그 이후 북한 당국이 우리에게 취한 조치로 보아도 이해가 가지 않습니다. 실은 북한의 핵 개발뿐만 아니라 한반도의 평화는 미국이나 북한 혹은 국제사회 누구 못지않게, 아니 그 누구보다 더 우리의 생존에 깊이 관련된 중요한 문제입니다. 우리도 할 말이 정말로 많은 문제일 수밖에 없습니다.

---

21 정의용, '김정은 남쪽과 IAEA에 영변 핵시설 개방 약속했다', 「한겨레」, 2021년 2월 5일자.

3

대파국

최고의 시간이면서 최악의 시간이었다. 지혜의 시대였지만 어리석음의 시대이기도 했다. 믿음의 신기원이 도래함과 동시에 불신의 신기원이 열렸다. 빛의 계절이면서 어둠의 계절이었다. 희망의 봄이었지만 절망의 겨울이기도 했다. 우리는 모든 것을 다 가진 것 같다가도 모든 것을 다 잃은 것 같았다. 다 함께 천국으로 향하다가도 지옥으로 떨어지는 것만 같았다.

- 찰스 디킨스, 『두 도시 이야기』 중에서

하느님 맙소사! 그렇다면 모든 것이 끝이네, 그리고 나만 혼자 남았네.

- 에밀 졸라, 『대파국(La Débâcle)』 중에서

    정치 현상을 전문적으로 연구하고 가르치는 학자들은 이론적인 틀을 가지고 현실을 설명하고 또 미래를 전망합니다. 이 이론들에 중요한 자료 혹은 근거가 되는 것은 경제, 사회 혹은 군

사력, 과거의 역사 같은 객관적인 사실들입니다. 그런데 이런 이론들은 어떤 특정한 시기 특정한 역사적인 사건에 어떤 개인들이 수행하는 독특한 역할에 관해서는 기껏 예외적인 사건으로나 치부할 뿐 좋은 설명을 제공하지 못합니다. 그러나 역사적인 사건에서 독특한 인물들이 수행하는 역할을 강조한 역사학자 알란 불록(Alan Bullock)은 제2차 세계대전과 같은 큰 역사적인 사건도 스탈린과 히틀러라는 두 독특한 인물이 아니었다면 일어나지 않았을 것이라고 언급했습니다.

국제 관계 분석에 있어서 이론의 중요성을 강조한 미어샤이머(John Joseph Mearsheimer) 교수는 싱가포르 북미 정상회담이 있기 불과 한 달 전 한국에서 한 강연 중에 이 회담이 과연 제대로 열릴지도 확실하지 않다고 언급했습니다. 그리고 트럼프 대통령에 대하여 '비정상적인' 혹은 '예측 불가능한 인물(wild card)'로서 외교에는 맞지 않다고 평했습니다. 어떻게 보면 트럼프 대통령뿐만 아니라 북미 정상회담의 주역을 담당한 인물들과, 회담 그 자체도 모두 조금 비정상적인 것으로 보입니다. 트럼프 대통령은 미국을 철천지원수로 여기고 자기 자신에게도 온갖 욕설을 해대는 나라의 최고 권력자에게 자신을 크게 칭찬한 편지들을 받았다고 기뻐하고 주변에 자랑까지 했습니다. 협상 안건들이 실무자들 사이에 충분히 논의되지 못하고 조율되

지도 않은 채 길을 떠나 김정은 위원장을 만나려고 했습니다. 먼 길을 와서 중요한 정상회담에 임하면서도, 본국의 의회에서 진행 중이던 청문회에 더 큰 관심을 보였습니다.

한국 측은 북한의 핵무기 개발이 자신에게 가장 큰 위협이라는 사실을 잊은 듯했습니다. 문재인 대통령을 필두로 전체 외교 안보팀이 북한에게 유리한 조건으로 북미 협상이 이루어지도록 노력을 기울였습니다. 문재인 대통령은 가망이 없는 3자 정상회담에 되풀이해서 매달렸습니다. 하노이 회담이 실패로 끝난 후에도 미국을 방문하여 다시 한번 자신을 포함한 3자 정상회담을 제안하면서, 그 회담을 판문점이나 미국의 항공모함에서 할 수도 있다는 제안까지 했습니다. 그런 제안을 하는 문재인 대통령에 대하여 볼턴 보좌관은 그가 회의 내용보다는 형식에 관심이 있었다는 평을 하기도 했습니다. "그런데도 문재인은 여전히 실질적인 내용보다는 형식에 매달렸다. 그러나 그에게 무엇보다도 중요했던 것은 김정은과 트럼프가 만나는 자리에 자신도 동참하고 싶다고 말하는 것이었다. 하지만 트럼프는 그의 말을 받아들이지 않았다."[22]

후일 미국에서 바이든 정부가 등장한 후 문재인 대통령은 트

---

22 존 볼턴, 『그 일이 일어난 방』, 시사저널, 2020, 489쪽.

럼프 대통령에 대해 부정적인 평을 했는데, 아마도 이때의 기억 때문이 아니었나 싶습니다. 물론 바로 퇴임한 다른 나라 대통령을 비난하는 것은 좋은 처사는 아니었습니다.

가장 관심을 끌었던 인물은 역시 김정은 위원장입니다. 그의 자국 내 위상을 고려해보면 먼 길을, 더구나 기차를 타고 가는 여행에 나선 것은 매우 중요한 일입니다. 그는 그간 주로 폼페이오와 김영철 사이의 회담 내용으로 보아, 양측 사이에 간격이 너무 커서 정상회담에서 자신이 바라는 타결이 어렵다는 사실을 알고 있었을 것입니다. 트럼프 정부의 입장은 "최종적이며 완전히 검증된 비핵화(FFVD)"였는데, 이전의 "완전하고 검증 가능하고 복구 불가능한 비핵화(CVID)"보다 더 검증이 강조된 것이었습니다. 검증은 북한이 특히 싫어하는 부분입니다. 이전에 북한이 벌인 비핵화 관련 행사도 모두 검증 절차가 불가능한 방식으로 이루어진 것이었습니다. 게다가 미국은 트럼프 대통령부터 쉽게 북한이 바라는 제재 해제를 해줄 의사가 없었습니다. 트럼프 대통령이 비록 외교에 유능한 정치가는 아닐지라도 현실적인 감각을 지닌 인물이기에, 제재가 그나마 미국과 국제사회가 북한에 행사할 수 있는 중요한 압력 수단임을 알고 있었습니다. 협상 타결의 전망이 희박한 상황에서 김정은 위원장이 먼 여정에 나선 것도 의아한 일입니다. 북한 내부의 사정을 정확히 알

수는 없습니다. 그러나 정상회담에 이르는 과정과, 회담 이후 북한에서 일어난 일을 근거로 유추해볼 수는 있습니다.

앞에서 기술한 것처럼 북한에서는 우리가 흔히 이야기하는 것 같은 온건파와 강경파보다는 부처별로 주 업무 혹은 이익과 관련하여 이견이 있을 수 있는 것으로 알려져 있습니다. 특히 외무성, 통일전선 사업부, 그리고 당 국제부는 업무 대상이 겹치는 경우가 많습니다. 여기에 인사 문제 등이 겹쳐 갈등을 겪는 경우가 과거에도 있었습니다. 과거의 행적을 보면 이 세 기관 사이에는 표면으로 드러나지 않는 갈등이 심심치 않게 있었음을 알 수 있습니다. 이 세 기관 수장들의 임명 절차 유형을 보면 겹치는 경우가 많습니다. 먼저 조선노동당 당 국제 비서를 거쳐 외무상으로 가는 경우가 있었습니다. 그리고 외무상에서 당 통일전선 사업부 부장으로 가는 것입니다. 허담, 김영남, 김용순, 김양건 등의 경우가 그렇습니다. 허담은 당 국제 비서, 외무상, 통전 비서를, 김영남은 당 국제 비서, 외무상, 최고인민회의 상임위원장, 김용순과 김양건은 당 국제 비서, 당 통전 비서를 거쳤습니다. 자연히 기관들 사이의 업무 분야와 책임 소재 등을 둘러싸고 갈등이 있을 수밖에 없습니다. 그리고 궁극적으로는 누가 어느 기관이 어떻게 해서 최고 지도자의 인정을 받는가 하는 문제가 있습니다. 이들 세 기관의 수장은 출생 배경, 학연, 업무상의 중복 등으로 인간적인 갈등을 빚는 경우가 많습니다. 핵 문제, 대남 문제, 대미, 대중, 대일, 대러 등에서 언제나 협력자인 동시에 경쟁자일 수밖에 없습니다. 갈등이 표면에 드러나는 경우는 별로 없습니다. 대부분은 수면 아래 갈등이고, 단지 인사 처리 문제가 표면으로 드러납니다. 대표적인 사례가 1992년 김용순 전 통일 전선부 부장과 강석주 제1 부상 간의 갈등이었습니다.

1990년대 초 제네바 북미 협상이 타결되기 전 북미 관계는 험악했습니다. 북한 외무성은 미국과의 합의를 이끌어내기 위해 노력하고 있었습니다. 그런데 김용순 통전부장이 미국을 방문하여 미국 측과 접촉하고 기자 회견을 했습니다. 회견 자리에서 남북 정상회담과 연방제 통일 문제까지 거론했습니다. 그는 귀국 후 김정일 위원장에게 적극적인 활동을 한 것에 대해 칭찬받았습니다. 여기에 고무된 그는 한 걸음 더 나아가 외교 관계가 없는 대미 관계를 외무성 관할에서 떼어내 통전부가 모두 관할하는 것으로 조직 개편까지 하려고 했습니다. 외무성의 강석주가 가만있을 리가 없었습니다. 김용순의 미국 활동 후 미국 국무성이 북한에 외무 당국이 둘인 건지 혼란스러워한다는 전보를 김정일이 보도록 했습니다. 김정일 위원장은 통전부가 월권으로 외무성 일에 간여한다며 김용순을 책망하고 '혁명화' 과정으로 보냈습니다.

하노이 이후도 마찬가지입니다. 하노이 대실패 이후 드러난 인사 처리 문제를 보면 김정은 위원장의 하노이 행보에 관하여 부처 간에 상당한 이견이 있었다는 것을 유추할 수 있습니다. 싱가포르 회담 때는 없었던 일입니다.

하노이 회담 실패 이후 북한 정부 내부에, 특히 외무성과 통전부에 큰 인사이동이 있었습니다. 하노이 회담은 북한 외교사에서 가장 중요한 사건이었습니다. 최고 지도자가 철천지원수나라이자 세계에서 가장 강한 나라의 대통령과 회담을 하러 먼 길을 떠나야 했습니다. 그리고 회담 결과는 앞으로 북한의 장래에 큰 전기를 마련할 수도 있었습니다. 북한은 온갖 어려움을 겪으면서 핵무기를 완성했지만, 그 대가는 극심한 경제적 어려움이었습니다. 회담 결과에 따라 핵보유국의 지위를 유지하면서 경제 난국을 극복할 수도 있습니다. 그러나 실패한다면 당면한 문제의 해결에 출구 없이 어려운 상황이 지속될 것입니다. 북한의 전략은 기본적으로 일관된 '행동 대 행동' 원칙에 의거한 것입니다. 즉 처음부터 핵무기와 핵물질을 모두 신고하고 강제 사찰에 기초하여 핵무기를 철폐해야 한다는 미국의 주장에 대해, 핵시설을 일부 폐쇄하면서 UN의 제재 조치를 하나씩 잠정 동결하는 식으로 시간을 끌며 경제 교류 등 평화로운 관계를 유지하다가, 결정적인 단계에서는 다시 합의 이행을 중단시키면서 모든 것을 원점으로 돌려놓는 것이 북한의 전략입니다. 그러면 그 사이 평화와 우호적인 관계에 익숙한 나라들이 다시 제재 상황으로 돌아가기는 어려우므로 그런 방식으로 핵보유국의 지위를 얻으려는 것입니다. 그리고 결정적인 단계에 도달하면 '한반도 비핵화' 원칙에 따라 북한의 완전한 비핵화를 조건으로 한미 동맹의 폐기와 한반도에서 미군의 철수, 그리고 미국의 핵우산 제공 철폐 등을 요구할 수도 있습니다.

그러나 북한과 미국의 접촉은 순조롭지 못했습니다. 교섭은 주로 김영철 통전부장과 미국의 폼페이오 국무부 장관 사이에 있었는데, 미국은 쉽사리 북한의 주장을 수용하지 않을 뿐만 아니라 오히려 검증에 비중을 든 새로운 비핵화 개념을 내세웠습니다. 싱가포르 회담 다음 달, 회담에서 진행하지 못한 비핵화 문제를 논의하기 위하여 북한을 방문한 폼페이오 장관은 "최종적이고 완전히 검증된 비핵화(FFVD)"라는 한층 더 엄격한 비핵화를 주장했습니다. 어떤 조치보다 '검증'에 방점을 찍었습니다. 협상은 교착 상태에서 더 이상 나아가지 못했습니다.

싱가포르 회담 이후 북한은 미국이 북한 측의 '행동 대 행동'

입장, 즉 북미가 상호 신뢰를 쌓아가며 단계적으로 비핵화를 진행하면서, 다른 면으로 하나씩 제재를 풀어가는 방식에 완전히 동의하지는 않더라도 어느 정도 유연하게 대하리라고 기대했습니다. 그러나 현실은 그렇지 못했습니다. 폼페이오 장관은 비핵화의 첫걸음으로 핵시설 등의 신고를 요구했습니다. 이것은 북한이 가장 싫어하는 부분입니다. 일단 핵시설이나 핵물질 등을 신고하고 나면 폐기와 관련해서 유연하게 대처할 수 없기 때문입니다. 하노이 회담에 관한 내부 토론 중 폼페이오의 상대인 김영철 노동당 부위원장 겸 통전부장은 온건책을 들고 나온 상대방에게 "트럼프에게 전화로 물어보시오. 트럼프는 그렇게 말하지 않을 것입니다"라고 소리쳤다고 합니다. 폼페이오 장관이 북한을 떠나는 날 저녁, 조선중앙통신에는 외무성 대변인의 발표가 있었습니다. "미국이 일방적이고 강도적인 비핵화 요구만 들고 나왔다"는 비난이었습니다. 그 이후 김영철의 대미 접촉도 북한이 바라는 결과를 도출하지 못했습니다.

2차 북미 정상회담에 대한 준비 논의도 외무성 내 조미 회담 및 핵 상무조에서 이루어집니다. 핵 상무조는 104쪽 표에서 볼 수 있는 것처럼 매우 큰 조직입니다. 그러나 역시 주역은 외무성과 통일전선부입니다.

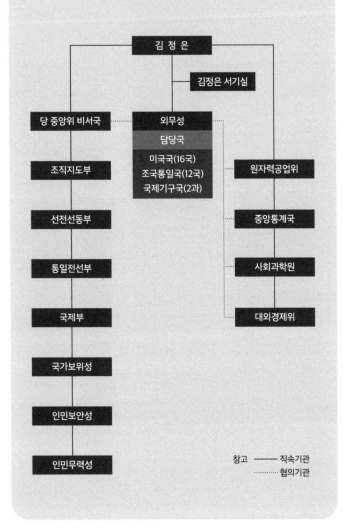

외무성 내 조미 회담 및 핵 상무조 체계도

김 정 은

김정은 서기실

당 중앙위 비서국

외무성
담당국
미국국(16국)
조국통일국(12국)
국제기구국(2과)

조직지도부

원자력공업위

선전선동부

중앙통계국

통일전선부

사회과학원

국제부

대외경제위

국가보위성

인민보안성

인민무력성

참고 ——— 직속기관
        ·········· 협의기관

김영철이 이끄는 통일전선부는 그간의 경험에 비추어 하노이 회담의 전망에 대해 조심스러운 의견을 개진했을 것입니다.

예를 들어 김정은 위원장이 종전 선언을 통한 체제 보장 약속을 요구하게 되면, 트럼프 대통령은 미국 방식의 '최종적이고 완전히 검증된 비핵화'에 대한 선 조치를 주장하면서 여기에 맞설 것이다. 우리가 내놓을 수 있는 최대 수준의 핵 폐기 대신에 경제 제재 완화를 요구해도, 미국은 쉽게 응하지 않을 것이다. 어쩌면 우리의 약점만 노출할 뿐인 결과가 될 수도 있다. 트럼프 대통령과 폼페이오 장관을 몇 차례씩 만나 나름대로 대화를 해본 나의 경험으로 미루어보면, 미국은 드러내놓고 말하지 않지만 우리의 핵 무력 개발 수준에 관하여 많은 정보를 갖고 있다. 미국은 우리를 압박하기 위하여 일차적으로 군사적인 수단보다는 경제 제재에 의존하고 있다. 이것은 미국이나 서방측이 선호하는 수단이기도 하다. 특히 우리가 핵 무력을 완성한 지금은 미국이 섣불리 우리에게 군사적인 압력 수단을 사용하지 못할 것이다. 결국 미국이 의존해야 하는 것은 경제 제재다. 그런데 이 수단을 쉽사리 포기하려 하겠는가. 폼페이오나 볼턴은 물론 트럼프 대통령 본인도 나에게 분명히 말했다. "북한이 비핵화를 실천하기 전에는 제재를 거둘 생각이 없다." "만약 그렇게 한다면 사람들이 나를 바보라고 놀릴 거라는 것이었다."[23] 더 나아가 만약 하노이 정상회담에서 트럼프 대통령이 바라는 대로 협의가 진전되지 않을 경우, 미국은 이를 빌미로 UN에서 더 큰 제재를 부과하거나 기존 제재를 더 엄격하게 적용하여 우리를 봉쇄할 수도 있다. 군사적인 대비를 강화할 수도 있다. 그런 경우 우리는 핵을 가진 채 곤경에 빠질 수 있다. 끝으로 가장 중요한 문제가 있다. 최고 지도자가 먼 길을 가서 국제적인 각광을 받으면서 미국 대통령과 회담에 임한다면, 이 회담이 확실히 성공하리라는 보장이 있어야 한다. 그렇지 않으면 최고 지도자의 위상에 손상이 갈 수도 있다.

이러한 김영철의 신중론은 본인의 성향이라기보다 그가 경험한 현실에 근거한 현실적인 판단이 아닐까 여겨집니다.

다른 한편으로 리용호 외무상은 핵 문제로 미국과의 관계 개선을 미루면서 버틸수록 더욱 어려운 상황에 놓일 수 있다는 판단을 근거로, 하노이 정상회담에 대하여 긍정적인 의견을 개진했을 것입니다. 일면에서 보면 이 의견도 현실적입니다.

예를 들어 미국을 위시하여 국제사회의 강도 높은 경제 제

---

23 존 볼턴, 『그 일이 일어난 방』, 시사저널, 2020, 463쪽.

재 상황에서 정상적인 경제 발전은 불가능하다. 막대한 군사비와 특히 핵무장의 유지는 경제에 막심한 부담이 된다. 언제까지나 이런 어려움을 감내하면서 경제적으로 중국에 의존해야 하는 상황을 지속할 수는 없다. 다행히 트럼프 정부는 기존의 다른 정부보다 북한과의 관계에 적극적이다. 특히 최고 지도자께서 트럼프 대통령과 개인적으로 친근한 관계를 개척했다. 과거에 없던, 그리고 앞으로도 어려운 일이다. 트럼프 대통령은 과거 어느 미국 지도자보다 더 우리와의 관계에 적극적이며 작은 문제에 연연하지 않고 어려운 문제도 쉽게 양보하는 여유도 있다. 싱가포르 1차 북미 정상회담도 상당한 성과를 거두었다. 이 기세를 이어가야 한다. 지금 정상회담을 거부하면 이런 기운이 끊길지도 모른다. 트럼프 같은 대통령은 앞으로 쉽게 나오지 않을 수 있다. 게다가 남북한 관계도 지금이 가장 좋다.

리용호 외무상의 이런 현실 판단은 주로 외무성이 상대한 비건 대북 특사와의 대화와 협상 경험에 입각한 것일 수 있습니다. 판문점에서 열린 남북 정상회담도 긍정적이었습니다.

'우리민족끼리'의 이념과 노선은 남북한 정부 사이에 공유하고 있다. 판문점 남북 공동 선언도 우리 노선에 합치하는 것이다. 북미 관계, 남북 관계가 모두 좋은 이런 시기에 우리가 적절한 '비핵화 안'으로 트럼프의 체면을 살려주고, 그 대신 제재 해제 같은 실리를 확보할 수 있다면 이 정상회담은 해볼 만한 것이다.

외무성 측의 생각은 상당히 야심적입니다. 그것은 미국의 요구, 즉 핵 동결, 핵 계획 공개, 핵 기술 불확산 등을 받아들이는 대신, '한반도 평화 체제 수립'을 통한 대북 안전 보장의 문서화와 에너지, 식량을 포함한 막대한 경제 원조를 담보한다면, 제2의 제네바 합의를 이끌어낼 수도 있지 않겠는가 하는 것입니다. 사반세기 전 북미 간의 합의는 북한으로서는 큰 외교적 승리로, 그 공은 당시 김일성 사망으로 막 권력을 넘겨받은 김정일의 몫으로 돌아갔습니다. 이번에도 성공한다면 최고 지도자 김정은의 공이 될 것입니다. 실제로 트럼프를 설득하는 것은 사실 김정은의 역할이었습니다.

누구의 어떤 의견이든지 아랫사람들의 역할은 여기까지입니다. 결국 최종 결단은 김정은의 몫입니다. 김정은 위원장도 고민할 수밖에 없는 상황입니다. 미국과의 교섭은, 특히 트럼프 대통령과의 관계는 지속해야 합니다. 그리고 제재 해제 조치와 국제적인 고립 탈피나 경제 발전 모두가 초미의 중대 과제입니다. 김정은 위원장의 결정과 여기에 따르는 결과와 책임은 중차대합니다. 어떻게 보면 이것은 과거의 북한에서 새로운 지도자의 통치 아래 새로운 시대를 여는 극히 중요한 결정일 수 있습니다. 천출의 영명한 지도자도 숙고에 숙고를 거듭할 수밖에 없었을 것입니다. 모든 중대한 결정이 마찬가지인 것처럼, 결국 앞날이 확실하지 않은 상황에서 마지막 결단을 내려야 합니다.

이 순간에 남한 측의 조언이 결정적인 역할을 할 수 있었을 것이라고 생각합니다. 그리고 숙고와 타협의 결과가 결국 북한 측의 최종안, '영변 폐기와 제재 해제'로 결정된 것이 아닌가 합니다. 그뿐만 아닙니다. 회담의 진행에 관해서도 남북 양측 간에 특이한 협의가 있지 않았겠는가 생각합니다. 특이한 방식이란 실무진에서 충분히 협상을 한 후 그 결과를 가지고 최고위층이 결재를 하거나 다시 교섭을 하는 전통적인 방식이 아니라, 한 가지 안을 놓고 정상 간에 단번에 최종 결정을 하는 방식입니다. 이것은 트럼프라는 상규에서 벗어난 독특한 성격과 행태의 정치인을 대상으로 상정하여 생각한 협상 전략이었을 것입니다. 그리고 이 방식에 관해서도 남북 간에 협의가 있었으리라 생각합니다.

이런 추정이 가능한 것은 회담이 실패로 끝난 후에 북한 측은 미국이 아니라 남한을 향해 분통을 터뜨리며 맹렬히 비난하다가, 급기야는 남한이 큰 비용을 들여 남북 간 교류를 위해 지은 남북 연락 사무소를 폭파해버린 것으로 추정할 수 있습니다. 말하자면 외무상 등 회담에 찬성했던 인물들과 함께 남한에 대해서도 징벌적인 조치를 취한 셈입니다.

　그때 실제 이면 상황을 잘 알 만한 지위에 있는 여당의 정상급 정치인이 "대포로 포격을 하지 않은 것이 다행"이라는 언명을 했습니다. 이 뜻밖의 말에 모두가 황당했지만, 아마도 이 회담의 이면을 잘 아는 분이 불쑥 이 불상사에서 남한의 책임에 관한 소회를 털어놓은 게 아닌가 싶습니다.

　김정은 위원장은 숙고 끝에 결국 싱가포르 정상회담에서 이룩한 것 같은 정치적 성과를 기대하며 제2차 정상회담의 길에 오릅니다. 평양에서 하노이까지 편도만 장장 4,500킬로미터, 66시간이 걸리는 대장정입니다. 2019년 2월 24일자 「로동신문」은 당연히 김정은의 장정을 크게 보도하면서, 역에는 김영남, 최룡해, 박봉주를 비롯한 당과 정부, 무력기관 간부들이 "훌륭한 성과를 거두고 안녕히 돌아오시기를 축원하였다"고 보도했습니다. 회담 자체가 축하할 만한 행사였고, 성과는 이미 보장된 것이나 마찬가지 같은 축제 분위기였습니다.

　북미 간 협상 상황에 밝은 대북 정보 관계자와 민간 전문가 그룹에서는 하노이 북미 정상회담의 파국 이후 그 원인을 둘러싼 뒷이야기가 흘러나왔습니다. 특히 북한 측이 미국이 아닌 한국 정부에 더 비난을 집중하는 이유가 관심의 초점이 될 수밖에 없었습니다. 복수의 관계자에 따르면 당시 전용 열차로 하노이로 향하는 도중에도 김정은 측과 남한 당국자 사이에는 여러 차례 연락이 있었습니다. 전용 열차로 하노이로 가는 도중에 김정은 위원장과 청와대 사이에 세 차례나 통화가 오갔는데, 그 내용은 주로 북미 정상회담에 임하는 미국 측 분위기와 전략, 이에 대한 대책 등에 관한 것이었다고 합니다. 그 외에 더 구체적으로 북한의 전략, 즉 영변 핵시설을 폐기하는 대가로 UN 경제 제재 중 특히 북한에게 불리한 것들의 해제를 받아낼 수 있겠는가 하는 것에 대한 자문을 받았을 것입니다. 그만큼 김정은과 북한의 대미 협상 라인이 한국 정부의 조언과 정보에 귀를 기울였다는 이야기입니다.[24]

더 나아가서는 한국 정부 측 인사가 중국과 하노이까지 가서 김정은 위원장의 자문에 응했다는 이야기도 있습니다. 이런 이야기를 어느 정도 믿을 수 있는지는 알 수 없습니다. 그러나 한 가지는 확실합니다. 북한의 최고 지도자는 자신에게 결과적으로 잘못된 조언을 한 부서의 책임자들을 처벌했습니다. 남한에게

---

24 "하노이 '훈수'에 불만… 김여정, 청와대에 '배신지' 말 폭탄", 「중앙일보」, 2020년 6월 25일자.

도 같은 처벌성 조치를 취했습니다. '오지랖 넓은 중재자' 등의 비방이나 남북 연락 사무소 폭파 같은 것입니다. 속담에 '잘못된 중매에는 뺨이 석 대'라는 말이 생각날 정도입니다.

단지 여담 같은 생각이 남습니다. 좋은 예는 아닙니다만, 히틀러의 『나의 투쟁』에 이런 구절이 있습니다. "모든 지도자의 권위는 아래로, 책임은 위로(Authritaet jedes Fuehrers nach unten und Verantwortung nach oben)." 그가 생각하는 리더십의 원리입니다. 아랫사람들이 아는 바대로 소신껏 의견을 낸 후, 결정은 최고 지도자의 몫입니다. 그 결정이 잘못된 것으로 드러날 경우 책임은 최고 지도자가 져야 합니다. 『삼국지연의』의 이야기 속 제갈량은 작전이 실패할 경우 자기 잘못이 아닌데도 스스로 책임을 지고 자신의 지위 강등 같은 조치를 취했습니다. 최고 지도자는 책임이 없고 아랫사람들에게만 죄책이 돌아가는 것에는 여러 가지 유감이 남습니다. 특히 결과가 기대한 것처럼 되지 않았다고 해서 도움을 주려고 온갖 노력을 다한 남한 당국을 비방하고 건물을 폭파하기까지 한 것은 양측 사이의 신뢰를 허무는 것은 물론, 남북 관계의 어느 현실적 단면을 보여주는 듯합니다. 아무리 '북한에 친화적인 정권'의 경우에도 남북 사이는 근본적으로 의심과 불신의 관계라는 점입니다. 좋은 의도보다는 좋은 결과가 더 중요합니다.

미국의 외교 정책은 때로는 사람을 어리둥절하게 만듭니다. 중요한 위치에 있는 영향력 있는 사람들의 말이 서로 각기 다른 경우가 많기 때문입니다. 이것은 소신의 차이나 이해관계의 차이, 혹은 자기가 속한 정당이나 부처에 따라 다를 수 있습니다. 의회의 정치 지도자들도 물론 외교 정책에 관하여 나름 의견이 있고, 이를 강력히 표출하기도 합니다. 그 외에도 전문가들이 신문이나 방송 등 매체를 통해 의견을 발표하고, 역시 일정한 영향력을 행사합니다.

이런 상황에서 어떤 나라이건 외교 정책에 관하여 잘 정리된 일관된 생각과 일정 기간 흔들림 없이 지속되는 외교 정책이 있을까 하는 생각도 해봅니다. 그렇지만 미국의 경우는 이것이 특히 심하지 않나 싶습니다. 외교 안보 정책에 직접적으로 관련된 정부 부서들 사이에서 상당한 의견 차이가 자주 발생합니다. 미 국무성은 부처 내부에서 일정한 정책이 입안된 후일지라도 다른 의견을 자유롭게 표출할 수 있다고 합니다. 그래서 어떤 때에는 미국에 일관된 외교 정책이란 게 있는가 하는 생각이 들기도 합니다. 결국 중요한 문제일수록 최고위층, 즉 백악관에서 최종적인 조율이 이루어지겠지요. 그리고 백악관의 결정은 아무래도 대통령의 정치적인 위상이나 인기, 특히 차기 선거에 대한 고려가 중요하겠지요. 이런 점에 있어서는 어느 대통령도 마찬가지입니다. 단지 정도의 차이와 스타일의 차이가 있을 뿐입니다. 트럼프 대통령은 독특한 스타일이긴 했지만, 그렇다고 전혀 예외라고 할 수는 없었습니다.

하노이 회담에는 특이한 점이 있었습니다. 양측 간 실무 회담이 거의 없었습니다. 그사이 평양과 워싱턴에서 주로 김영철 통일전선부 부장과 미국 측 폼페이오 국무부 장관 사이에 회담이 있었습니다. 볼턴 보좌관이 매우 싫어했지만 때로는 김영철 부장이 트럼프 대통령과 직접 만나서 대화를 하는 자리도 있었습니다. 물론 미 국무부의 대북 특사 비건과 평양 외무성의 김혁철 대미 특별 대표 사이의 대화도 있었습니다.

그러나 이런 대화나 회담이 서로 자신들의 입장과 원칙을 확인하는 수준에 그쳤을 뿐이었지, 실상 중대한 결정이 이루어지는 정상회담의 준비 과정은 아니었습니다. 이런 점은 하노이 회담을 다른 중요한 정상회담과 구별 짓는 특징입니다. 하노이 회담에 관계한 인물들의 이야기에서도 모두 이런 점을 확인 가능합니다. 미국 측은 심지어 하노이에 가서도 실무자들 사이의 회담을 요청했는데, 번번이 거절당했다는 것입니다. 북측 인사들의 구실은 핵 문제에 관해서는 최고 지도자만이 결정할 수가 있으며, 자신들은 전혀 간여할 수가 없다는 것이었습니다. 이런 상황은 외교 교섭, 특히 정상회담에서 매우 이례적인 일입니다.

이런 이례적인 사례를 정확히 설명할 수 있는 것이 무엇이겠습니까? 아마도 오랜 시간이 지난 다음 관련 당사국들의 문서가 공개되거나, 이 회담에 중요한 역할을 한 분들의 비망록 등이 공개되어야 전모가 밝혀지겠지요. 그 전에 추측해보건대 트럼프 대통령의 독특한 외교 스타일에 기대를 건 것이 아니었나 생각합니다. 그리고 이런 전략에 남한도 일부 조언을 한 것이 아닌가 하는 추측도 가능합니다. 실무급의 까다롭고 복잡한 협상은 성공하리라는 보장도 없을 뿐만 아니라 시간 역시 오래 걸리고, 그러면서도 또 새로운 문제들을 야기할 수 있습니다.

북한 측은 (그리고 남한 측도) 간단하고 빠른 방법으로 핵 문제의 교착을 타개하고, 북한의 시급한 경제 발전을 도모하기를 바란 것이 아니었나 생각합니다. 그리고 이 전략의 중심에 트럼프 대통령에 대한 기대가, 특히 그의 변칙적인 행태에 대한 기대가 있었을 것입니다. 주변 전문가들과 정보 책임자들의 의견에 귀를 기울이지 않고 즉석에서 자기가 좋아하는 방식으로, 이전에 아무도 이루지 못한 업적을 이루어 높은 명성을 얻는 것에 유난히 관심이 높은 초강대국의 특이한 최고 책임자가 바로 북한 당국의 (그리고 남한 정부의) 목적을 이루어줄 전략적 표적이 된 것이 아니었나 생각할 수 있습니다. 당시 문재인 대통령과 트럼프 대통령이 노벨 평화상을 받아야 한다는 말도 있었습니다.

그사이 알려진 사실들을 보면 트럼프 대통령도 자신의 개인적인 위상만을 생각해서, 혹은 사람들이 이야기하는 미디어 중독증 때문에 김정은이 제시하는 협상안을 덥석 받아들이고 세계 평화를 위해 큰 공적을 이룬 지도자로 김정은과 함께 카메라 앞에 설 만큼 단순한 인물이 아니었습니다.

하노이에 가기까지 적어도 세 차례에 걸쳐 트럼프 대통령이 참여하는 회의가 열렸고, 대체적인 결론은 미국이 만족할 만한 합의가 어려운 경우 회의를 끝내는 것이었습니다. 첫 번째 회의에서 트럼프 대통령은 이미 핵심 포인트를 이렇게 정의했습니다. "주도권은 내가 쥐고 있다." "서두를 필요 없다." "언제라도 협상장을 박차고 나갈 수 있다."[25] 볼턴의 기술에 의한 것이지만 비건의 "유약한" 입장은 트럼프를 포함해서 최고위층에게 좋게 받아들여지지 않았습니다. 비건의 상관인 폼페이오 장관까지 비건의 입장에 불만이었습니다.[26]

특히 북한 측은 비건이 이야기하는 종전 선언은 남한이 원하는 것이지 자신들은 관심이 없다고 못 박았습니다. 미국은 하

---

25 존 볼턴, 『그 일이 일어난 방』, 시사저널, 2020, 465쪽.
26 존 볼턴, 『그 일이 일어난 방』, 시사저널, 2020, 467쪽.

노이로 가기 전 세 번째 최종 회의에서도 북한 측이 들고 올 카드가 무엇인지에 대한 예상이 있었고, 이에 대한 대책도 볼턴의 입장에서 보면 성공적인 결론이 도출되었다고 했습니다. 비건이 작성한 북미 성명서 초안에 대해 볼턴은 물론 트럼프 대통령도 비판적이었습니다. 앞서 지적한 대로 하노이에서도 북한 측은 실무자들 간 접촉에 동의하지 않았습니다. 수행 각료들과의 회의에서 트럼프 대통령은 세 가지 결과를 예상했는데, 첫째는 큰 거래 "빅 딜", 둘째는 작은 거래 "스몰 딜", 마지막으로 "협상 파기", 즉 협상은 끝났다고 선언하고 자리를 뜨는 것이었습니다. 볼턴의 기술에 따르면 이 가운데 트럼프 대통령은 마지막을 선호했다고 합니다.

이것은 두 번째 정상회담을 하기로 결정하면서 처음부터 일관되게 나오는 주제였습니다. 아마도 충분한 사전 준비가 없는 정상회담에서 후에 부담이 될 결정을 하기보다는 정상회담을 하나의 '보여주기 위한 행사(event)'로 보고, 실질적인 합의는 하지 않는 쪽이 안전하다는 생각이었는지 모릅니다. 둘째는 트럼프 대통령 개인이 "상대가 뒤통수를 치기 전에 내가 먼저 치는 것"을 선호하는 특이한 성격 때문인 것 같습니다.

그사이 트럼프 대통령과 김정은 위원장 사이에는 매우 우호적인 편지들이 오갔습니다. 서로가 만났던 것을 귀중하게 기억하고 상대방에게 큰 칭찬과 존경을 표하는 내용들이 많았습니다. 특히 김정은 위원장은 한 편지에서 트럼프 대통령에 대한 신뢰와 존경이 결코 변치 않을 것이라고 하며, "많은 사람들이 장래에 두 나라 사이에서 비핵화 문제가 해결되는 것에 회의적이지만 본인은 각하와 함께 이들이 틀리다는 것을 확실하게 증명하겠다"는 내용도 있습니다.[27] 트럼프 대통령을 잘 요리하여 북한의 숙원인 제재 문제 해결을 위한 포석들이 착착 쌓여가고 있었습니다.

트럼프 대통령은 하노이 도착 이후에도 바로 눈앞의 정상회담보다 본국에서 열리고 있는 그의 전 변호사 마이클 코언의 청문회 출석 문제에 더 마음을 쏟고 있었던 것 같습니다. 김정은 위원장도 멜리아 호텔에 도착해서 자신의 각료들과 마지막 회의를 하는 사진이 보도되었습니다. 리용호 외무상, 최선희 부상, 김혁철 국무위원회 대미 특별 대표, 김성혜 통일전선부 통일 책략 실장이 그 자리에 있었습니다. 김영철은 이때 폼페이오와 회담을 하느라 참석하지 못한 것으로 알려졌습니다. 정상회담 전날 양측 만찬 회동 후에 두 정상만의 회담이 있었는데, 이 자리

---

27   Bob Woodward, 『Rage』, Simon and Schuster, 2020년, 174쪽.

에서 북한의 제안이 처음 나온 것으로 알려졌습니다. 즉 북한이 영변 핵시설을 폐기하는 대신, 미국은 2016년 이후 부과된 UN 안보이사회 제재를 모두 풀어주는 것이었습니다. 다른 안에 관한 이야기는 없었습니다. 다음날 트럼프 대통령은 정상회담을 앞두고 각료들과의 준비 회의도 취소했는데, 볼턴에 의하면 그가 밤늦은 시간까지 본국의 청문회를 지켜보았기 때문이었다고 합니다. 그러나 다른 면에서 보면 북한 측의 제안을 그가 따로 논의가 필요할 만큼 심각하게 받아들이지 않았기 때문이 아닌가 하는 생각도 듭니다. 볼턴은 마지막까지 트럼프가 어떤 결정을 할지 두려웠다는 말을 했지만, 전후 사정을 보면 그럴 가능성은 거의 없었던 것으로 보입니다. 어쩌면 볼턴은 자신이 수행한 역할을 더 극적으로 보이게 하기 위하여 현장의 상황을 마지막까지 긴장된 것으로 묘사한 것이 아닌가 싶은 생각도 듭니다. 혹은 당사자는 정말 긴장감을 느꼈을 수도 있겠지요.

여하간 볼턴 자신도 트럼프 대통령이 '협상 파기'에 만족하는 눈치였다고 썼습니다. 반면에 김정은 위원장은 협상이 트럼프 대통령에 의해 일방적으로 깨어지자, 이 "예기치 않은" 사태에 몹시 당황했던 것 같습니다. 폼페이오의 보고에 따르면 김정은은 "대단히 실망하고 화를 냈다"고 합니다. 실패한 회담의 내용도 그렇지만 상대방에게 어떤 제안을 했다가 일언지하에 거절당한 모습도 천출의 최고 지도자 위상에 어울리지 않는 것이었습니다. 큰 기대를 한 만큼 공도 많이 들였는데, 그리고 그 먼 길을 와서 이런 상황이 된 것이 실망스럽기 이전에 분하고 당황스러웠을 것입니다. 아마도 김정은 위원장의 일생 중 누구에게 이런 일을 당한 것은 처음이었을 것입니다. 트럼프 대통령에게 거절당하는 순간 평양역의 거창한 환송 장면이 떠올랐을지도 모릅니다. 트럼프 대통령이 협상 결렬을 선언하고 자리에서 일어나는 순간, 김정은 위원장이 당황해서 조금 더 이야기를 하려고 그를 만류하는 몸짓을 했는데, 통역이 그런 뜻을 미처 트럼프 대통령에게 전하지 못해 김정은 위원장이 화를 냈다는 후일담도 있었습니다.

그런데 남북한 정부 관계자들을 제외한 다른 사람들의 생각으로는 오히려 김정은 위원장이 이런 식의 접근과 제안으로 소기의 성과를 거두려 했다는 사실이 더 이상하게 보일 것입니다. 회담의 파탄에 관하여 볼턴의 역할과, 특히 그가 트럼프 대통령에게 건넸다는 문서가 실패의 원인으로 거론됩니다. 그러나 그 문서도 트럼프 대통령이 볼턴에게 요청하여 작성한 것으로 알려졌습니다. 트럼프 자신의 설명입니다.

그는 "본능적으로" 김정은이 자기가 필요로 하는 입장이 아니라는 것을 알았다.' 그래서 김정은에게 말했다. '들어보시오. (핵시설) 하나로는 안 됩니다. 둘도 셋도 안 되고 넷도 안 됩니다. 다섯이면 됩니다.' 김정은은 이렇게 답합니다. "그렇지만 그것(영변 핵시설)은 가장 큰 것입니다." 트럼프는 이렇게 답을 합니다. "그럴지 모르지만 그것은 가장 오래된 시설입니다. 나는 우리 측 누구보다 이 시설들을 잘 알고 있습니다."[28]

정의용 실장은 후에 미국 측에게 북한 측이 '제2의 제안(Plan B)' 없이 한 가지 안만을 가지고 회담에 임했다는 사실이 믿어지지 않는다는 말을 들었다고 합니다. 그렇다면 우리 정부는 북한의 협상 구상에 아무런 영향이 없었다는 이야기인가 생각이 미칩니다. 청와대와 특히 정의용 실장은 볼턴의 저술이 많은 부분에서 잘못되었고 왜곡이 많다는 입장이어서, 앞으로 새로운 사실들이 더 밝혀지리라 여깁니다.

볼턴은 자기 때문에 북한에서 사람들이 처벌받아 죽게 되었다는 말도 있었다는 글을 남겼습니다. 그러나 회담이 끝난 후 북한 측 일부 관련 인사들이 엄한 처벌을 받았다는 소식은 다행히 사실이 아닌 것으로 알려졌습니다. 물론 모두가 확실하게 검증

---

28   Bob Woodward, 『Rage』, Simon and Schuster, 2020년, 175쪽.

이 된 것은 아니며, 일면식도 없는 사람들에 관한 이야기이지만, 조금이라도 마음을 편하게 해주는 소식입니다. 그 사이 별별 이야기들이 나왔습니다. 특히 통역사 신혜영은 통역에 실수를 했다는 이유로 정치범 수용소에 갇혔고, 리용호 외무상, 김혁철 미국 담당 국장 그리고 김영철 통전부장까지 처벌받았다는 이야기가 나돌았습니다. 일본의 북한 전문 매체 「아시아 프레스」는 여러 북한 소식통을 인용해 베트남 하노이 주재 북한 대사관 직원과 외무성 간부 4명이 총살되었다는 소문이 북한 주민들 사이에서 돌고 있다는 소식을 전했습니다.

실제 그런 소문들이 있었는지도 모르지요. 조금 더 신빙성이 있는 소스들은 다른 소식을 전합니다. 김성혜 통일전선부 실장은 지방에서 교사로 일하고 있다고 알려졌습니다. 그는 북한 대외 정책의 실세로 알려져 있었고, 대미 협상에서 전면에 나선 인물입니다. 통역사 신혜영도 북한 최대 종합 도서관인 인민대학습당에서 근무하면서, 주로 외국인 관광객들을 안내하고 교육하는 업무에 종사한다고 합니다. 김혁철 대미 특별 대표는 지방으로 쫓겨났다가 얼마 전 평양으로 복귀했다고 합니다. 한마디로 처벌 수준은 아닌, 조금 파격적인 처사가 아닌가 합니다. 북한의 상식으로 보면 이 정도 조치로 끝난 것은 다행한 일입니다. 가장 관심을 끄는 것은 리용호 외무상의 거취입니다. 그는 사적인 가족사 등으로 가장 마음이 쓰이는 인물입니다. 공식적인 지위나 역할을 떠나서 매우 훌륭한 사람이라고 생각합니다. 불행한 일 없이 다시 북한 외교 업무에 복귀하기를 개인적으로 기대합니다.

실상 현재까지 알려진 바로 회담 실패 때문에 가장 큰 처벌을 받은 것은 북한의 외교 종사자들이 아닙니다. 미국의 트럼프 대통령은 더더구나 아닙니다. 폼페이오나 볼턴도 아닙니다. 가장 심한 보복을 당한 것은 남한 당국과 문재인 정부가 추진한 한반도 평화 정책이었습니다.

북한은 "철면피한 궤변", "비굴함과 굴종의 표출" 등의 막말로 문재인 정부를 강하게 비난했습니다. 그리고 남한이 174억원의 예산으로 건설한 공동 연락 사무소를 폭파시켜버렸습니다. 김여정의 군사 행동 위협 발언도 있었지만, 김정은 위원장이 보류시켰습니다 그런데도 정부는 아무런 맞대응이 없었습니다.

4

하노이 그 이후

- 사람이 있는 햇볕, 사람이 있는 통일

북한 매체는 하노이에서 진행되는 회담을 상세히 보도했습니다. 「로동신문」은 흔히 하는 식의 과장된 표현으로 북미 회담 상황을 전했습니다.

대결과 반목의 악순환을 끝장내고 새롭게 도래한 평화번영의 시대에 부응하려는 조미 최고 수뇌분들의 드높은 열망과 진취적인 노력, 비상한 결단에 의하여 력사적인 제2차 조미 수뇌 상봉과 회담이 월남 하노이에서 시작되었다.

경애하는 최고령도자 동지께서는 불신과 오해, 적대적인 눈초리들과 낡은 관행이 우리가 가는 길을 막으려고 하였지만 우리는 그것들을 다 깨버리고 극복하며 다시 마주 걸어 260일 만에 하노이까지 왔으며 이 시간은 그 어느 때보다 많은 고민과 노력, 인내가 필요했던 기간이었다고 하시면서 이번 회담에서 모두가 반기는 홀륭

한 결과가 만들어질 것이라고, 최선을 다할 것이라는 뜻깊은 말씀
을 하시었다.

- 「로동신문」, 2019년 2월 28일자.

회담이 결렬된 이후에도 「로동신문」은 같은 논조로 위대한 지도자의 활약만을 크게 보도했습니다. 그리고 이 회담이 큰 성과를 거두고 끝난 것으로 보도했습니다.

"경애하는 최고령도자 동지께서와 트럼프 대통령은 싱가포르 공동성명에서 제시한 공동의 목표들을 실행해나가기 위하여 현 단계에서 반드시 해결하여야 할 문제들에 대한 서로의 견해를 청취하시고 그 방도를 진지하게 론의하시었다.

경애하는 최고령도자 동지께서와 트럼프 대통령은 70여 년의 적대 관계 속에서 쌓인 반목과 대결의 장벽이 높고 조미 관계의 새로운 력사를 열어나가는 려정에서 피치 못할 난관과 곡절들이 있지만 서로 손을 굳게 잡고 지혜와 인내를 발휘하여 함께 헤쳐나간다면 능히 두 나라 인민들의 지향과 념원에 맞게 조미 관계를 획기적으로 발전시켜나갈 수 있다는 확신을 표명하시었다.

- 「로동신문」, 2019년 3월 2일자.

그리고 그 이후에는 보도의 초점이 회담이 아니라 베트남 공식 친선 방문으로 바뀌었습니다. 여기에서도 물론 크나큰 성과를 이룩했다는 내용이었습니다. 김정은 위원장의 평양 귀환 역시 출발 때처럼 성대한 영접과 환영이 있었습니다.

> 당과 정부, 무력기관의 간부들은 우리 조국의 무궁번영과 우리 인민의 평화롭고 행복한 삶과 미래를 위하여 2만여 리의 머나먼 로정을 오가시며 불면불휴의 정력적인 대외활동을 벌리시고 조국에 무사히 돌아오신 경애하는 최고령도자 동지께 온 나라 전체 인민들의 한결같은 마음을 담아 열렬한 축하의 인사를 삼가 올리면서 뜨겁게 맞이하였다.
>
> - 「로동신문」, 2019년 3월 5일자.

하노이 회담의 실패 이후 김정은 위원장이 "지도자라고 해서 항상 다 옳은 것은 아니다. 잘못하는 경우도 있다"라는 말을 했다는 소문도 있었습니다. 그러나 언제 어떤 장소에서 그런 발언을 했는지 찾을 수가 없습니다. 하노이에서 귀환한 이후 「로동신문」에서는 다시 한번 외부 세계 매체들을 길게 인용하면서 김정은 위원장의 리더십을 찬양하는 기사가 이어졌습니다.

천재적인 예지와 비범한 령도, 탁월한 정치외교 실력으로 세계 자주화와 평화 위업을 주도해나가시는 경애하는 최고령도자 동지에 대한 매혹과 찬탄, 흠모의 목소리는 날이 갈수록 더 높이 울려나올 것이다.

- 「로동신문」, 2019년 3월 6일자.

독자들이 지루하리라 생각하면서도 북한 매체를 길게 인용하는 것은 몇 가지 생각 때문입니다. 어느 나라, 어느 정부에서나 실제 현실과 국민에게 알리고 싶은 메시지 사이에는 간격이 있습니다. 그리고 어떤 나라에서나 뉴스나 여론 등에 있어서 국내와 해외 사이에 차이가 있을 수 있습니다. 그러나 북한의 경우는 그것이 너무 심하지 않습니까? 북한의 경우야말로 정도의 차이를 넘어 본질적인 차이가 되는 예가 아닌가 생각합니다. 이른바 '가짜 뉴스'도 어느 나라에나 있습니다. 그렇지만 북한처럼 관영 공식 매체가 '가짜 뉴스'를 만들어 사람들에게 널리 알리는 경우가 있을까 싶습니다. 그리고 이런 뉴스를 접하는 일반인들과는 달리 외부의 실상을 아는 고위 관리들이나 미디어에 종사하는 사람들은 이런 '가짜 뉴스'와 접할 때 어떤 심경일까 하는 것에 생각이 미칩니다. 혹은 북한 주민 중에 외국에 있어서 외부 미디어가 제공하는 뉴스에 접할 수 있는 분들은 어떤 생각을 할 것인가 의문입니다.

이것은 과거의 진부한 반공주의 노선 이야기를 되풀이하려는 것이 아닙니다. 어쩌면 우리가 통일 혹은 화해와 평화로 나아가기 위해, 외교의 실패를 돌아보면서 잠시라도 함께 생각해야 하는 문제가 아닌가 합니다.

하노이 회담이 있은 다음 해 북한에서는 김정은 위원장을 찬양하는 책을 펴냈는데, 이 책에서는 시기를 명기하지 않은 채 하노이행에 관한 구절이 나옵니다. 단지 트럼프 대통령과의 비핵화 정상회담에 대한 언급은 전혀 없이 이 여행이 "월남사회주의공화국에 대한 역사적인 방문"이었다는 구절만 나옵니다. 이 책에서는 김정은 위원장이 평창 올림픽 경기에 북한 사절단을 보내고, 이어서 남북 정상회담이 열렸으며, 남한 예술단의 평양 방문과 공연 등에 관하여 길게 이야기합니다. 그리고 이 모든 것에 대하여 남한을 포함하여 온 세계가 위대한 지도자에게 한없는 존경과 찬사를 바친다는 이야기가 이어집니다. "천하제일 명장이신 김정은 원수님은 통일 력사의 위대한 창조자" 식의 찬사가 무려 36쪽에 걸쳐 이어집니다. 모든 것은 이 위대한 지도자가 이룩한 것입니다. '북남 정상회담'에 관하여 이야기하는 글의 어느 한 군데에도 '문재인'이란 이름은 없습니다.[29] 이 책에서는 싱가포르에서의 '조미 수뇌 상봉과 회담'에 관해서는 상당히 길게 쓰고 있습니다. 그러나 하노이 회담에 관해서는 아무런 언급이 없습니다. 단지 판문점의 '조미 회담'에 관한 언급이 있습니다. 미국 대통령이 남조선을 방문하는 기회에 만나고 싶다는 의사를 표하자, 김정은이 바로 수락하여 판문점 남측 지역에서 상봉이 이루어졌고, 역시 김정은의 위대한 리더십, 그리고 남한을 포함한 전 세계의 열렬한 관심과 칭송이 강조됩니다. 단지 이 회담이 조미 정상회담이 있은 지 120일 만에 다시 이루어졌다는 사실을 강조합니다.

"경애하는 원수님께서는 미국 대통령과 120여 일 만에 또다시 만난 데 대하여 반갑게 인사를 나누시고 대통령을 안내하여 판문점 우리 측 지역으로 걸음을 옮기시었다."[30] 그렇지만 120일 전에 어디서 조미 수뇌가 만났다는 언급은 전혀 없습니다. 북한에서 발행한 영문 책『대외관계에서 발전의 새로운 시대를 열다(Ushering in a New Era of Development in External Relations)』(Foreign Languages Publishing House, 2021년)

---

29 『위인과 강국시대』, 평양 출판사, 주체 109년(2020년), 512~548쪽.
30 『위인과 강국시대』, 평양 출판사, 주체 109년(2020년), 597쪽.

에서도 김정은 위원장이 트럼프를 위시해서 러시아의 푸틴, 중국의 시진핑, 베트남, 싱가포르 등의 정상들과 회담을 한 사실을 사진들과 함께 크게 기록하고 있지만, '문재인'이란 이름은 아무데도 없습니다.[31]

판문점 북미 정상회담에 관해서는 조금 유감이 있을 수밖에 없습니다. 후일 '미국의 소리' 방송을 통해 알려진 바에 의하면, 이 회담은 트럼프 대통령이 20개국 정상회담(G20)에 참여했다가 한국에 들르는 기회에 김정은 위원장에게 글을 남겨서 이루어졌다는 것입니다. 트럼프 대통령의 트윗은 '자신이 한국으로 가는데 그때 당신이 나를 만나기를 원한다면 만나자'라는 내용이었는데, 그로부터 10분 만에 김정은 위원장에게서 전화가 걸려와 바로 성사가 되었다는 것입니다.[32] 이런 소식을 듣고는 불편한 마음을 어쩔 수가 없습니다. 이때에도 북미 양자 회담이 판문점 남측 지역에서 53분이나 열렸지만, 우리 측의 바람에도 불구하고 3자 회담은 이루어지지 않았습니다. 나쁘게 말하자면 우

---

31 NK News, New North Korean book highlights 'trust' between Kim Jong Un and Donald Trump. Moon Jae-in totally absent from new publication, while Xi Jinping, Vladimir Putin feature heavily, Colin Zwirko May 12, 2021.

32 「월간 조선」, 권세진 기자, 2019년 8월 16일.

리의 위상이 '운전자'에서 '중개인'으로, 그리고 '전달자'로, 마지막에는 '구경꾼' 같은 모양이 된 것 아닙니까?[33]

최근 미국 외교계에 상당한 비중이 있는 인물과의 대화에서 이런 질문을 한 일이 있습니다. "남한의 외교 안보 전문가들 중에는 이런 우려를 하는 분들이 많다. 최근 남한은 북미 간에 운전자는커녕 중재자 역할도 제대로 못 하고 거의 제3자같이 되고 있는 것은 아닌지. 더구나 앞으로 한반도 문제에 미국과 북한이 직접 거래하면서 남한은 소외되는 것이 아닌가 하는 문제다." 그의 답은 간단했습니다. "그것은 당연하지 않은가? 그렇게 될 것이다. 그러나 남한의 몫은 여전히 있을 것이다. 가장 중요한 것은 북미 간 어떤 합의 이행에 드는 비용은 역시 남한의 부담이 될 것이므로, 남한이 완전히 소외되는 일은 없지 않겠는가 생각한다." 나는 남한의 입장에서 이것은 받아들일 수 없는 것이며, 어떻게 하던 이런 상황을 막도록 노력할 것이라고 답했습니다.

하노이 회담 이후에도 김정은 위원장은 북미 회담에 여전히

---

33 기록을 보면, 김정은이 트윗만을 보고 바로 답을 했다는 것은 과장입니다. 트럼프는 트윗을 한 다음에 공식적인 초청 편지를 보냈고, 김정은이 초청에 응한 것입니다. Bob Woodward, 『Rage』, Simon and Schuster, 2020년, 177쪽.

미련이 있는 듯한 발언을 했습니다. 한번은 더 해볼 용의가 있다면서도 '빅 딜'을 주장하고 있는 미국에 새로운 계산법을 가지고 올 것을 촉구했다고 합니다. 대화의 시한으로 그해 말까지는 기다려 보겠다는 말도 나왔습니다.[34]

김정은 위원장은 남한에게 구체적인 이유를 밝히지 않은 채 거의 징벌적인 비난과 적대적인 행동을 하면서도, 실제 실패를 안겨준 미국의 트럼프 대통령과는 좋은 관계를 유지하려고 노력했고, 실제로 상당한 성과가 있었습니다. 먼저 편지를 쓴 것은 트럼프 대통령이었습니다. 트럼프 대통령은 회담이 있은 지 3주 만에 편지를 보내, 김정은이 하노이까지 먼 길을 온 것에 감사를 표하며 김정은과의 우정을 강조합니다. 그러고는 한참 후에 김정은 위원장도 답을 합니다. 김정은의 답 역시 두 사람 사이의 특별한 관계와 우정을 강조하면서도 트럼프의 편지보다는 훨씬 더 정치적이고 전략적인 강조가 있습니다. 말하자면 하노이에서 구사해서 실패한 전략에 미련을 갖고 그것을 다시 구사하려는 의도가 보입니다. 즉 자신은 첫 번째 정상회담에서 이전에 어느 누구도 해보지 못한 '독특한' 방식으로 문제를 해결하려는 트럼프의 의지와 결심을 보았고, 이를 존경하며 이것이 자신의 희

---

34 뉴스 1, 허프 포스트 코리아, 2019년 4월 13일자.

망이라는 것입니다. 앞서 언급한 것처럼 거추장스러운 실무진의 간여 없이 정상 사이에서 일거에 문제를 해결하는 방식입니다. 불과 이틀 만에 트럼프 대통령도 긴 답을 하면서 그 역시 둘 사이의 우정과 둘만의 '독특한' 방식을 강조합니다. 이렇게 둘 사이에 편지가 오갔습니다.

김정은 위원장의 편지들을 누가 쓰는지는 밝혀지지 않았지만 미국 측으로부터 모두 상당한 작품이라는 평가를 받았습니다. 그 편지들은 트럼프의 자만심과 자신이 세상의 중심이라는 감정을 잘 자극하도록 썼다는 것입니다. 트럼프 대통령은 이 편지들을 자랑스럽게 생각했습니다. 그 편지들 중에도 김정은의 마지막 편지는 특히 걸작이라는 평입니다. 이 편지는 한편으로 트럼프와의 특별한 관계를 강조하면서, 다른 한편으로는 이미 취소되거나 연기된 한미연합훈련이 아직도 계속되고 있다는 것에 대한 불평이었습니다. 다른 한편으로는 자기가 보유하고 있는 군사력에 대한 자신도 내보입니다. 특히 남한의 국방부 장관에 대한 불평도 하는데, 이것은 미국의 동맹국 장관에 대한 불만을 미국 대통령에게 하는 셈입니다. 트럼프는 이런 서한들을 자랑으로 여겼습니다.[35]

---

35   Bob Woodward, 『Rage』, Simon and Schuster, 2020년, 176쪽 이하.

하노이의 실패와 그 이후 이어진 사태는 자연히 새 정부의 출현을 눈앞에 두고 있는 현 정부에서 그간 우리의 외교 안보 상황의 전개를 돌아보게 합니다. 문재인 정부 초기 한반도의 안보 상황은 매우 불안정했습니다. 그 후에는 급격한 반전으로 마치 통일이 눈앞에 있는 것 같은 국면도 이어졌습니다. 그러고는 마찬가지로 또 하나의 반전이 있었고, 한반도는 다시 과거로 돌아간 것 같은, 어쩌면 더 곤란한 상황이 아닌가 하는 의견도 있습니다. 우선 한때 우려를 자아냈던 군사적인 긴장의 상황은 일단 지나갔습니다. 그 이후 남북 간 군사적인 충돌은 없었습니다. 물론 다행한 일입니다. 그러나 전반적인 상황은 과거보다 더 악화되었다는 의견도 있습니다.[36]

우선 외교 면에서 우리의 현황은 그렇게 고무적인 것이 아닙니다. 가까운 이웃 일본과는 우호와 협력은커녕 여전히 심한 분쟁을 겪고 있습니다. 유일한 동맹국 미국과의 관계도 전과 달리 모호한 느낌을 줍니다. 바이든 정부 출범 후 문재인 대통령의 첫 방문에서 양 정상의 회동 자리에 한국전쟁의 영웅을 초대해 새삼 기리는 장면 역시 군건한 동맹을 과시하는 것보다는 무엇인

---

36 김민석의 Mr. 밀리터리, '문재인 정부 안보 정책, 무엇을 남겼나?', 「중앙일보」, 2021년 12월 30일자.

가 그간 소홀했던 것을 보완하려는 것 같은 인상을 주었습니다. 그렇다고 중국이나 러시아와의 관계가 각별한 것도 아닙니다. 대통령이 임기 초 중국을 방문해서 사드 문제에 관하여 애써 중국의 관심에 호응하는 모습을 보이고, 스스로를 중국의 '큰 봉우리' 아래 있는 '작은 봉우리'로 낮추기까지 했고, 식당을 찾아다니며 혼자 식사를 해야 하는 상식에 어긋나는 경험도 했습니다. 두 차례나 중국을 방문하면서 상대방의 답방을 갈구했지만, 중국 측은 전혀 반응이 없습니다. 이른바 자유세계 여론에서는 진보 성향의 정부임에도 북한의 인권 문제에 소홀하다는 식의 부정적인 평도 있습니다.

그러나 전문가들이 가장 심각하게 우려하는 것은 안보, 특히 군사적인 면입니다. 북한이 계속해서 군사력을 증강하고, 특히 대량 살상 무기 분야에서 국제사회를 놀라게 할 만한 발전을 이룩한 반면, 남한 정권은 군사적인 측면보다 정치적인 면이 강한 '전시 작전권 이양'에 치중했습니다. 북한은 이 정부가 출범하던 해 '핵무기 완성'을 선언했습니다. 군사 전문가들은 9·19 군사합의도 대체로 부정적으로 평합니다. 합의 내용도 문제투성이인데, 북한은 이를 잘 지키지 않고 후속 조치에도 나서지 않고 있습니다. 한미연합훈련도 이미 오랫동안 정치적인 고려로 축소되거나 건너뛰는 식으로 해오고 있으며, 한국군 훈련도 연대급으로 소규모에 그칩니다. 훈련과 연습을 안 하는 군대는 마치 연습에 게으른 운동선수 같다고 합니다. 그러나 정치인들은 물론 군 지휘부도 이런 일에 별 관심을 두지 않습니다. 이런 어려움에 못지않은 것이 군 인사 문제의 난맥과 기강의 해이입니다.[37]

군에서 있을 수 없는 실수와 사고가 발생할 때마다 지휘부의 "뼈를 깎는 반성과 각오"가 나오지만, 이런 사태는 계속 되풀이됩니다. 민간에서는 한국군 지휘부는 뼈가 없다는 해학도 있습니다. 불상사가 날 때마다 뼈를 많이 깎았기 때문이라는군요. 북한 김정은 위원장도 트럼프 대통령에게 보낸 편지에서 한국군에 대하여 매우 경멸적인 언급을 했습니다. "사실 남한군은 나의 군대에 적수도 못됩니다."[38] 한국에 근무했던 미군 지휘관도 최근 한국군은 핵 무장한 북한군을 상대하기에 역부족이라는 발언을 했습니다. 그런데도 우리 정부는 국가의 가장 중요한 안보면에 큰 관심을 기울이는 것 같지 않습니다.

문재인 정부는 임기 5년 동안 확실히 전과는 구별되는 언행을 보였습니다. 진보 정권임에도 북한의 인권 문제에는 관심이

---

37 김민석의 Mr. 밀리터리, '문재인 정부 안보 정책, 무엇을 남겼나?', 「중앙일보」, 2021년 12월 30일자.
38 Bob Woodward, 『Rage』, Simon and Schuster, 2020년, 180쪽.

없을 뿐만 아니라 어려운 상황에서 고향을 떠나온 탈북인들에게도 부정적인 자세입니다. 심지어 탈북인들을 향하여 "오지 말고, 왔으면 입 다물고 있으라"라는 자세로 임한다는 말도 있습니다.[39] 어떤 사연이 있었건 간에 살려고 남한에 온 탈북인의 눈을 가리고 결박해서 북에 넘겨주는 일도 있었습니다. 흉악범이어서 국민의 안전을 위해 그렇게 했고, 본인도 북에 귀환할 의사여서 그렇게 했다는 설명이지만 납득하기 어려운 변명입니다.[40]

국제적인 상식은 설혹 교전국 사이일지라도 불가피한 상황이 아니면 물에 빠진 사람은 일단 구해주는 것입니다. 그런데 북한군은 구조를 요청하는 남한의 인사를 사살하고 시신을 불태우기까지 했습니다. 그런데도 우리 정부는 조사나 항의를 하기보다 그 희생자의 뒷조사에 매달렸습니다. 국제 연합은 매년 북한 인권 문제에 관한 결의문을 채택합니다. 그러나 한국은 2019년부터 계속 결의안 공동제안국으로 참여하지 않고 있습니다. 그 이유로 "여러 가지 상황을 고려한 결론"이라는 막연한 설명뿐입니다.

남한은 북한에 대한 우방국들의 우려하는 시선에도 불구하

---

39   김수정의 시선, '인권에도 프레임 거는 사회', 「중앙일보」, 2022년 1월 10일자.
40   졸고, '흉악범의 인권은?', 「중앙일보」, 2019년 11월 14일자.

고 최대한의 배려를 하는데, 북한이 남한을 대하는 태도는 이해심을 보이거나 우호적인 것과는 거리가 있습니다. 특히 하노이 회담 실패 이후 북한은 마치 모든 잘못이 남한에 있다는 식으로 폭언과 폭거로 윽박지르는 모습이며, 남한 정부는 이런 행태에 항의도 제대로 하지 못하는 모습입니다.

특히 좋지 않은 모습이 있습니다. 대북 전단 살포는 오랫동안 해온 일입니다. 북한도 남한에 대하여 그렇게 했습니다. 그런데 북한이 갑자기 이 문제에 강경한 자세로 나오면서 남한 정부에 거칠게 항의하기 시작했습니다. 북한 전문가들 중에는 이런 반응이 대미 협상에서 성과를 내지 못한 북한 당국이 내부의 불안과 불만을 외부로 돌리려는 것으로 판단하는 이들도 있습니다. 남한 측이 나름 이 문제에 대처하는 노력을 보였는데도, 북한 측은 이해를 표하기는커녕 비난의 강도를 높이면서 김정은 위원장의 측근 실세인 김여정이 나서서 입법을 하라고 압박했습니다. 우리 국회는 야당의 반대에도 불구하고 다수 의석을 차지한 여당의 주도로 이를 금지하는 법을 통과시켰습니다. 대북 전단 살포에는 찬반의 논의가 있을 수 있지만 근본적인 원인을 따져보면, 북한이 외부 세계와의 정보 교류를 철저하게 차단하고 있기 때문입니다. 이런 처사 자체가 사람의 알 권리나 정서적 향유의 권리를 심각하게 위반하는 것입니다. 그 결과 발생하는 문제를 상대방의 책임으로 단죄하듯 대하는 강압적 태도가 문제입니다. 그런데도 우리 정부는 이런 처사에 항의는커녕 '입법이라도 하라'는 압력에 굴복하듯이 실제로 입법을 했습니다.

또 다른 좋지 않은 예가 있습니다. 강경화 외교부 장관의 갑작스러운 경질에 관한 것입니다. 직업 외교관 출신이 아닌 강경화 장관의 업무 수행에 대해 부정적인 평도 있었습니다. 그러나 외교부 장관으로서는 큰 실책 없이 정권 출범 이래 줄곧 자리를 지켰습니다. 그런데 경질되기 직전 바레인에서 열린 국제 안보 포럼에서 "북한이 코로나 확진자가 없다고 하지만 믿기 어렵다. 코로나 전염병이 북한을 더 북한답게 만들었다"는 발언을 하자, 다시 한번 김여정이 등장해서 "두고두고 기억하고 정확히 계산하겠다"는 위협성 발언을 했습니다. 그러자 우리 정부의 인사 조치가 뒤따랐습니다. 경질 관련 전후 사정은 확실치 않지만 역시 좋은 모습이 아닙니다. 기왕 경질을 하려고 했더라도 이런 외부의 위협이 있다면 이를 연기하는 것이 정상적인 처사가 아니겠는가 싶습니다.

현 정부의 남북 관계에는 또 다른 특이한 면이 있습니다. 이른바 '햇볕정책' 이래 우리의 일관된 정책 노선은 여러 가지 면에서 국제사회에서 고립되고 경색된 북한을 개방과 개혁의 방향으로 이끌어 변화를 유도하는 것이었습니다. 그런데 이번 정부는 북한의 변화에는 관심이 없고, 오히려 국제사회나 특히 미국의 북한에 대한 태도에 변화를 추구하려는 것 같은 인상을 줍니다. 예를 들어 북한이 핵무기를 개발하는 것은 미국이 북한에 대해서 적대적이며 북한 정권을 붕괴시키려고 하기 때문이라는 것에 더 근접한 자세 같습니다. 최근 학계 주변에서 이런 이야기도 돌고 있습니다. 이전에는 국책 연구 기관이 북한 전공 학자나 혹은 고위층 탈북인들을 많이 고용했는데, 요즘은 북한 전공자가 아니라 미국 전문가를 더 많이 고용한다는 이야기입니다. 미국이 문제라는 생각 때문이라고들 합니다.

잘 이해되지 않는 이야기일지 모르겠지만, 이런 변화의 핵심에는 민족에 관한 잘못된 생각이 있습니다. 현 정권의 핵심에 민족해방의 이념이 지배적으로 자리 잡고 있기 때문입니다. 많은 사람들이 현 정부가 임기 말을 얼마 남겨놓지 않은 시기에 전혀 현실성 없는 '종전 선언'에 왜 그렇게 집착하는지 잘 이해하지 못하고 있습니다. 하지만 민족 위주의 현실 인식은 한반도에서 전쟁 상황을 종식하기만 하면 외세의 개입을 최소화하여 배제하고 '우리민족끼리' 매사를 잘 처리할 수 있다는 생각으로 이어지기 마련입니다.

그러나 이것은 잘못된 생각입니다. 이 책의 앞부분에서 지적한 것처럼 같은 민족이라고 해서 반드시 갈등의 관리나 봉합이 더 쉽고 화합이 잘되는 것이 아닙니다. 더구나 우리가 생각하는 '민족'과, 현재 집권하고 있는 북한 당국의 '민족' 개념은 매우 다릅니다. 우리의 경우 민족이란 주로 언어, 역사, 문화를 공유하는 열린 개념이라면, 북한은 독특하고 순수한 혈통에 기반을 둔 닫혀 있는 인종적 개념입니다. 이 문제에 관한 연구를 많이 한 외국인 학자의 말입니다:

필자가 이 책에서 의도하는 바는 북한의 지배 이데올로기가 공산주의, 유교, 그리고 전시용 주체사상 이론과 얼마나 동떨어져 있는지를 보여주는 데 있다. 북한의 이데올로기는 별로 복잡하지 않아 단 하나의 문장으로 요약할 수 있다. 즉 '조선인들은 혈통이 지극히 순수하고, 따라서 매우 고결하기 때문에 어버이 같은 위대한 영도자 없이는 이 사악한 세계에서 살아남을 수 없다'는 것이다. 만약 인종에 기반을 둔 북한 세계관을 군이 전통적인 좌우 스펙트럼상에 위치시켜야 한다면, 극좌보다는 극우 쪽에 자리 잡게 하는 것이 더 합당하다. 사실 파시스트(Fascist) 일본의 세계관과 놀라울 정도로 흡사하기도 하지만, 필자는 북한에 '파시스트'라는 딱지를 붙일

생각은 없다. 이 용어를 이용하기가 너무 모호하기 때문이다.[41]

2018년 남북 정상회담에서 '종전 선언'에 관한 합의가 이루어졌습니다. 원칙적으로 누가 전쟁 상태의 종결에 반대를 하겠습니까? 그러나 여기에는 여러 가지 문제가 따릅니다. "우리민족끼리"는 북한이 전쟁을 시작할 때 어디에 있었습니까? 북한의 김일성은 물론 '국토 완정'을 목표로 어리석은 전쟁을 시작했겠지만, 후일 밝혀진 바로 한국전쟁은 스탈린의 동아시아, 대중, 대일, 대미 그리고 한반도 관련 큰 전략의 일부로 가능했던 것입니다.[42] 그리고 과거 역사의 잘못을 바로잡는 데 민감한 현 정부가 어째서 한국전쟁의 기원에 관해서는 눈을 돌립니까? 과연 지금도 계속되고 있는 이 전쟁이 어떻게 시작되었는지 반성 없이 '종전 선언'만으로 전쟁 상태가 종결된다고 생각합니까?

이 말은 과거의 잘못을 따져서 책임을 묻는다든지 하는 의도로 하는 이야기가 아닙니다. 불편한 과거를 그대로 묻어두거나 언젠가는 또 불화로 터질 수 있는 불씨를 남겨두는 것보다, 모두가 함께 반성과 참회를 하고 과거의 잘못을 되풀이하지 않기로

---

41 브라이언 마이어스, 『왜 북한은 극우의 나라인가?』, 시그마 북스, 2011년
42 졸저, 『세계와 한국 전쟁』, 대한민국 역사박물관, 2019년 참조.

하는 것이 더 나은 일 아니겠습니까? 실은 김대중 정부 출범과 함께, 앞으로 남북한의 화해와 교류·협력의 시대를 예상하고 남한의 한국전쟁 연구회가 북한 측에 한국전쟁에 관한 공동 연구를 제의했습니다. 그러나 북한은 침묵으로 이것을 묵살하고 말았습니다.

남북한 간의 화해와 교류·협력은 한반도에서 절실한 과제입니다. 어떤 난관을 무릅쓰고라도 반드시 추진해야 하는 중요한 문제입니다. 그러나 현실을 직시하고 보편적인 윤리 원칙 아래 추진해야 합니다. 현재 전 세계에서 가장 막강한 군사력이 대치하고 있는 한반도 상황에서 전쟁이 끝났다는 선언만으로 진정한 화해와 교류·협력 관계가 이루어지리라 기대하기는 어렵습니다. 현실적인 방안으로 우편 교류 같은 것부터 생각해보면 어떻겠습니까? 그것 역시 불가능에 가까울 정도로 어려운 일일 것입니다.

사람들은 모두 자신의 경험과 생각의 틀이나 이념, 혹은 이해관계에 따라서 같은 현실을 다르게 인식합니다. 여기에는 손쉬운 해결책이 없습니다. 가능한 한 마음을 비우고 자기의 인식을 설명하는 만큼 상대방의 의견에도 귀를 기울여 듣는 습관을 익혀야 어느 정도 생각을 공유할 수 있습니다. 이것이 바로 유능한 지도자들이 진짜 해야 할 일입니다. 반대로 권력자들이 분열을 조장해 자신의 정치적인 목적을 추구하는 경우가 흔히 있습니다.

이 작은 책을 함께 써보기로 한 세 사람은 나이나 성장 환경, 사회적인 경험 등에서 서로 매우 다릅니다. 그런데도 우리는 이 작은 책을 함께 저술하면서 단순히 주제에 관련된 이야기를 쓰는 것에 그치지 않고, 그간의 경험을 바탕으로 한반도와 남북 관계의 앞날에 관하여 의견을 모아보려고 했습니다. 마지막으로 논의를 정리하여 제시하는 것으로 이 작은 노력을 마무리합니다.

먼저 북한이 외부 세계, 특히 미국이나 남한의 군사적인 위협 때문에 핵무기를 개발한다는 주장은 사실이 아니라고 생각합니다. 항상 군사적인 위협과 도발을 한 것은 북한이었고, 미국도 남한도 여기에 군사적인 대응을 자제해왔습니다. 남한의 대통령을 암살하려 시도한 것도 여러 차례였고, 무장 게릴라 부대를 파견하여 파괴와 살상을 자행한 일도 있었습니다. 포격 등으로 인명을 살상하기까지 했습니다. 이것은 실제 국제 관계에서 전쟁 행위나 마찬가지입니다. 그러나 우리 측은 항상 군사적인 대응을 자제했습니다. 이것은 우리 측이 특별히 평화적이기 때문만은 아니었습니다. 전쟁을 하는 경우 우리의 노력으로 힘겹게 쌓아 올린 모든 성과가 사라질 수 있습니다. 그동안 북한의 군사적인 도발에 대한 우리의 대응은 경제 제재나 대북 방송 같은 것이었습니다.

북한은 외부의 군사적 위협 때문이 아니라 정권 차원의 위기를 막고 남한을 위협해 교섭에서 유리한 수단을 확보하려는 의도에서 핵무기를 개발한 것입니다.

남한 측의 통일 방안은 모두 저위 정치의 영역에 주안점을 두고 있습니다. 민족 공동체, 햇볕정책 등 모두가 사회, 경제, 문화 등의 영역에서 교류·협력을 점차 확대하여, 이런 경험이 정치적인 영역으로 '유출(spill over)'하면서 평화적인 통일을 단계적으로 이룩하는 것이었습니다.

반면 북한의 통일 방안은 군사력과 정치적인 공작 등 고위 정치의 영역에 있습니다. 남북한의 공적인, 혹은 사적인 담론의 성격을 비교해보면 어느 쪽이 더 군사주의적이며 호전적인지 확연히 드러납니다. '군사 문화의 지배'란 북한 사회를 가장 잘 표현하는 용어입니다.

우리 정부가 해야 할 가장 중요한 일은 먼저 상대방에게 폭력으로 위협당하는 상황에 대비하는 것입니다. 군사적인 위협하에서 진정한 화해와 교류는 불가능합니다.

우리의 군사적인 대비를 이완시키는 것으로 북한의 비핵화를 유도하거나 평화를 이룩할 수는 없습니다. 이것은 비단 남북 관계에만 해당되는 것이 아닙니다. 모든 국가 운영의 첫 번째 원칙은 다른 나라에게 폭력으로 위협을 받지 않도록 하는 것입니다.

북한 정권의 핵심층은 혁명적인 세력이 아니라 기존 이득을 지키고 확대하려는 사람들입니다.[43] 이런 부류의 사람들은 만약 상대방에게 무력의 위협이 효과가 없는 경우, 혹은 무력 도발이 자신에게 손해라는 것이 확실한 경우에는 무력에 의한 통일 노력이나 위협을 포기할 것입니다.

남북한 간에 화해와 교류는 지속적으로 추진해야 합니다. 그러나 여기에도 보편적, 윤리적 원칙이 있어야 합니다. 우리뿐만 아니라 전 세계인 모두에게 인권은 최고로 중요한 원칙입니다. 그래서 우리는 사반세기 가깝게 사형을 하지 않고 있습니다. 사

---

43 졸고, '혁명과 롤렉스 시계', 「세계일보」, 2021년 8월 2일자.

람에게 인격이 있듯이 나라에게는 국격이 있습니다. 우리의 나라됨의 큰 원칙은 인권입니다. 화해와 협력도 중요하지만 나라의 나라다움, 국격도 중요합니다. 따지고 보면 왜 우리가 통일을 추구해야 합니까? 같은 민족이라 같은 국가에서 살기 위해서? 혹은 통일을 이루어 강대국이 되기 위해서? 아닙니다. 사람이 사람다운 대접을 받고 사람답게 살 수 있기 위해서, 즉 인권이 실현되는 나라를 만들기 위해서입니다.

세계사에 이런 윤리적인 차원을 무시하고 통일을 이루어 강대국은 되었지만, 그 결과 국민들은 불행하게 된 나라들도 많습니다. 김대중 정부 시절 햇볕정책을 구상하던 시기, 저는 이솝우화의 햇볕이 아닌 『성경』의 마태복음 5장 45절에 나오는 햇볕을 따르자고 진언한 일이 있습니다. 남의 외투를 벗기려는 수단으로 햇볕을 제공하는 것이 아니라 필요로 하는 모든 사람들에게 햇볕을 비추는 것입니다. 말하자면 통일은 우선적으로 정치적인 아젠다가 아닌 사람의 아젠다여야 합니다.[44]

그렇다고 해서 인권의 문제를 근본주의적으로 남용하여 남북한의 화해와 교류를 어렵게 하면 안 됩니다. 여기에 현실적인

---

44 졸고 '햇볕의 의미', 제7차 사이오 인권 포럼, 기조연설, 통일문제 연구원, 2017년 12월 5일.

지혜가 필요합니다. 인권을 앞세워 교류·협력에 지장을 주는 것은 옳지 않습니다. 그러나 그것을 망각해서도 안 됩니다. 교류·협력을 하면서 조금씩 인권의 문제를 챙길 수 있고, 항상 우리가 인권에 관심을 쏟는다는 사실을 보여줄 수 있습니다. 말하자면 앞서 말한 바와 같이 납북자나 미송환 국군 포로 포함 구금되어 있는 사람들을 한둘이라도 데려오려는 노력을 우선하는 것입니다. 실패하더라도 계속 노력해야 합니다. 서독도 그렇게 했습니다. 미국도 항상 그렇게 합니다.

정치적인 아젠다만이 중요한 것이 아닙니다. 사람에 대한 배려도 중요합니다. 인권과 관련하여 할 수 있는 또 다른 일들이 많습니다. 저는 평양에서 열리는 대규모 매스 게임에 초대를 많이 받았는데 응하지 않았습니다. 이유를 캐어 묻는 경우에는 내가 그런 걸 싫어한다고, 그리고 왜 싫어하는지에 대해 솔직하게 설명했습니다. 저는 그런 대규모 행사가 보는 사람에게는 즐거울 수 있지만, 하는 사람에게는 보람도 즐거움도 느끼기 어려운 일이라고 생각합니다. 우선은 현장의 참여자들이 자신의 행위에 특별한 의미를 느낄 수 없을 것입니다. 그들은 그저 커다란 움직임의 부속품 중 하나에 불과합니다.

북한에만 해당되는 이야기가 아닙니다. 오래전 제가 봉직하던 학교에서도 이런 행사를 즐겨 했습니다. 주로 소규모 카드 섹

선 형태였습니다. 저는 이것에 매우 비판적이었고, 공개적으로 반대했습니다. 처음에는 주변에 저의 반대가 잘 이해되지 않았지만 결국은 폐지되었습니다. 그런데 한국의 진보 인사들이 평양에서 이런 행사를 즐겨 관람하는 것을 보고 내심 놀랐습니다.

오랜 세월이 지난 후에도 미국이 많은 비용을 지불하고 전사자 유해를 수습해가는 것이 일부 북한 주민들에게 감동을 준다는 이야기를 들었습니다. 저는 기회가 있을 때마다 북한 측 인사들에게 사형 제도는 나쁜 것이고, 남한에서는 이미 사형은 없다는 이야기를 합니다. 남한 사정에 정통한 북한 인사들도 이 문제에 관해서는 잘 믿으려 하지 않고 납득하지도 않습니다. 그러나 가능한 대로 우리의 입장과 추구하는 윤리적 가치를 알려 서로 간에 이해를 돕는 것이 옳지 않겠습니까? 단지 핏줄이 같다고 해서, '우리끼리만' 같이하는 것이 늘 옳은 일은 아니지 않습니까?

인권이란 어느 한정된 차원에 있는 게 아닙니다. 법정 같은 곳에 있는 것만이 아닙니다. 분명 우리의 작은 처신에도 있습니다. 현실은 매우 어렵고 험난하지만, 우리가 바른길에 바르게 서서 화해와 협력, 그리고 평화를 위한 노력을 계속 이어간다면 언젠가 모두가 바라는 통일도 찾아오리라 믿습니다.

추천사(전문)

라종일 박사의 신작 『하노이의 길』을 펼쳤다. 그는 시대의 파수꾼으로서 적절한 시기마다, 모두가 잘 안다 생각하지만 실상을 알지 못하는 문제들을 깊이 살핀 후 늘 새로운 시각을 제시해 왔다. 이번에도 예외 없이 문재인 정부의 대북포용정책과 한반도 평화프로세스의 전말을 세심하게 풀어냈다. 특히 문재인 대통령이 임기 중 역점사업으로 삼고 충실히 수행했던 세 차례의 북미 정상회담의 중개자 역할을 '성공하는 듯한 실패'라 해석한 것이 인상적이다. 이렇게 국제정치에 정통하며 판을 읽어내는 시야 역시 탁월한 라 박사는 현실을 하나하나 차근차근 냉철히 파헤쳐 나가며 독자를 통찰에 이르게끔 한다. 앞으로의 남북대화를 위하여, 그리고 분단국가에 살고 있는 국민으로서 많은 분들이 이 책을 읽고 그러한 통찰에 이르시기를 기대한다.

책을 덮은 후 몇 가지 생각이 떠올랐다. 첫째, 문재인 정부의 대북정책은 그 뿌리부터 근본적으로 실패할 수밖에 없는 원인이 존재했다. 문재인 대통령이라는 인물의 태생적 겸손함, 혹은 소극성은 어떻게 작용했을까. 왜 북한 핵 문제나 미사일 문제를 단지 북미 간의 문제로만 여기고 우리는 그저 중재자, 방관자, 제삼자로 남아 있으면 된다고 판단한 것일까. 그러한 관계에 우리가 감히 나설 문제가 아니라는 판단과 그에 따라 취한 자세가 결국 실패로 가는 첩경이었던 것은 아닐까. 하지만 생각해 보면 북한의 핵이나 미사일이 우리를 말끔히 피하고 미국만 한정해서 공격하라는 법이 없다. 북한 핵이나 미사일은 결코 남의 일이 아니다. 우리 안보의 가장 큰 위협이다. 그 총구가 우리의 생명을 노리고 있다는 절박함이 없으니, 북한 '도발'이란 단어조차 쓰지 못하고 있다. 북한이 실험할 때 우리는 국민에게 별것 아닌 것처럼 애써 변명하느라 번번이 곤경을 겪는다.

둘째, 문재인 정부는 꿈보다 해몽을 잘하는 분들만 모여 있다. 청와대의 그 많은 참모들, 통일부의 공무원들 모두가 웃으며 북한의 메시지를 길몽(吉夢)이라고만 해석한다. 북한이 입에 못 담을 욕을 해도 마찬가지다. 그러니 2018년 북한이 평화공세로 동계올림픽에 참석하고 핵을 포기할 것처럼 연출한 드라마에도 넘어가 금세 한반도의 평화가 올 것처럼 허튼 꿈을 꾸고 만 것이다.

이제 일장춘몽(一場春夢)의 시대는 끝났다. 해빙의 꿈은 파탄이 났고, 판문점에서 문재인, 김정은 두 사람의 정담(情談)은 잠꼬대가 되고 말았다.

북한의 김정은은 절대로 핵을 포기하지 않는다. 핵을 포기하는 순간 북한 정권은 일시에 무너진다는 절박성이 그들에게는 존재하는 까닭이다. 그들의 입장에서 생각해 보자. 그처럼 인민을 굶기면서 어렵게 개발한 핵과 미사일을 김정은이 어찌 쉽게 포기할 수 있을까? 트럼프는 DVD나 USB를 제공하며 여기 담긴 것처럼 핵만 포기하면 북한이 천당으로 변한다고 유혹했지만, 김정은은 과연 그 말을 믿었을까? 안 될 것을 꿈만 꾸어온 것이다.

새 정부는 꿈에서 깨어나야 한다. 북미 회담에서 좋은 결과가 나올 수 있다고 생각하는 꿈, 또는 반대로 김정은 정권만 무너지면 금세 평화도 오고, 통일된다고 생각하는 꿈, 이런 춘몽에서 깨어나, 지금 우리가 할 우리의 일에 매진해야 한다. 안보를 튼튼히 하고, 국제적인 연합방위능력을 키워야 한다. 그리고 북한 핵과 미사일에 대한 방어 능력과 억제 수단을 철저히 강구해야 한다. 그리고 한편으로는 북한의 2천만 민족에게 동포애에서 우러난 변치 않을 따뜻한 뜻을 전하는 사업을 지속적으로 확대해야 한다. 북한 정권을 통한 지원은 지원이 아니다. 그저 북한 정권을 살찌우게 하는 수단일 따름이다. 우리가 동포들을 직접적으로 지원하는 사업이어야 어떤 방식이건, 규모가 크건 작건 실제적인 효과가 있다. 통일은 북의 2천만 민족이 원해야 가능하다. 그러므로 그분들을 변화하도록 하는 것이야말로 우리의 최우선 과제다.

이런 마음으로, 라종일 박사의 저서를 읽었다. 독자 여러분 역시 음미해 볼 것을 다시 한번 권해 드리며.

_이종찬(전 국정원장)

남북 간의 화해 교류는 추진돼야 하지만 "여기에도 보편적, 윤리적 원칙이 있어야 한다"는 저자의 외침은 큰 공감을 준다. 오랫동안 한국의 외교안보 분야 현장에서 경륜을 쌓아온 저자의 고뇌가, 그리고 차기 정부 대북정책 담당자들이 꼭 새겨들어야 할 충정 어린 고언이 담겨있다.

_윤영관(전 외교부 장관)

한미의 대북정상외교에 급브레이크가 걸린 2019년 하노이 회담 전말에 대해 문재인 정부는 아직도 속 시원한 설명을 않고 있습니다. 그런 점에서 라종일 대사님의 글은 의미 있고 시의적절한 시도입니다. 꼼꼼한 팩트체크는 물론 기록의 빈 공간을 용기 있는 통찰로 채워 넣은 라 대사님 덕분에 이 글을 읽으시는 독자들께서는 지적 상상력을 자극하는 즐거운 시간을 갖게 되실 것입니다.

_조태용(국회의원, 전 외교부 차관)

한반도 평화의 가장 큰 걸림돌은 북핵문제다. 3차 핵위기 해결의 결정적 분수령이었던 하노이 북미 회담은 실패로 끝났다. 북한의 핵무장 시계는 자정에 다다르기 직전이다. 북핵 해결의 창이 닫히고 있는 가운데 북핵교섭의 재개와 성공은 절체절명의 외교과제다. 필자는 저명한 정치학자이자 주영, 주일대사를 지낸 외교관이다. 해박한 지식과 풍부한 경험에 바탕을 둔 날카로운 하노이 회담 해부는 역사의 교훈을 살펴 올바른 해결 방향을 잡는 데 훌륭한 길라잡이가 될 것이다.

_신각수(전 주일대사)

'하노이의 참사'라는, 동상이몽의 북미대화 실상을 알기 쉽게 피력한 이 책에서는, 다스리기엔 과분한 땅과 인구를 가진 "백두혈통"이 '핏덩어리 핵'을 쥐고 고립을 자초한 내면과 디커플링 상태를 확인해 준 트럼프의 전략부실을 조명한다. 들떠서 일출 보러 가서는 낙조를 본 것이다.

_정준명(전 삼성전자 사장)